AF194011

BIBLIOTECA
DE LA LIBERTAD
FORMATO MENOR

FASCISMO
versus
CAPITALISMO

LLEWELLYN H. ROCKWELL Jr.

FASCISMO
versus
CAPITALISMO

Unión Editorial
2025

Título original: *Fascism versus Capitalism*.
Publicado en 2023 por el Instituto Mises, www.mises.org

Este trabajo tiene licencia bajo
«Creative Commons Atribución-NoComercial-SinDerivar 4.0
Internacional» https://creativecommons.org/licenses/by-nc-nd/4.0/deed.es

© 2025 UNIÓN EDITORIAL, S.A.
c/ Hilarión Eslava, 21 • local • 28015 Madrid
Tel.: 913 500 228
Correo: editorial@unioneditorial.net
www.unioneditorial.es

Traducción de Mariano Bas Uribe
Artes interiores y cubiertas: Ignacio Pablo Rico Guastavino

ISBN: 978-84-7209-955-5
Depósito legal: M-16.529-2025

Compuesto e impreso por EL BUEY LIBERAL, S.L.

Impreso en España • *Printed in Spain*

*A los patrocinadores de este libro
y todos los que apoyan el trabajo
del Instituto Mises*

ÍNDICE

PRÓLOGO

«Fascismo» se ha convertido en un término de escarnio y reprensión. Se lanza despreocupadamente en dirección a cualquier cosa que disguste a un crítico. Incluso los libertarios (que son el epítome del antifascismo) son calificados como fascistas de vez en cuando.

Pero el fascismo es un concepto real, no una vara con la que atizar arbitrariamente a los oponentes. El abuso de esta palabra tan importante socava su valor real como expresión que se refiere a un fenómeno muy real y cuyo espíritu todavía pervive.

Describo las características de ese sistema en los capítulos dos y cuatro, pero, por ahora, podemos decir lo siguiente. El estado, para los fascistas, es el instrumento por el cual se alcanza el destino común del pueblo. Los derechos individuales, y el propio individuo, están estrictamente subordinados a los grandes y gloriosos objetivos del estado para la nación. En asuntos exteriores, la actitud fascista se refleja en un chauvinismo beligerante, un desprecio por otros pueblos y una veneración hacia los soldados y las virtudes marciales en toda la sociedad.

El fascista toma su inspiración de las experiencias de la guerra. Durante la Primera Guerra Mundial, personas de toda Italia, a pesar de sus diferencias de región o dialecto, se encontraron unidas en una empresa común. La guerra mostró lo que podía conseguirse cuando la gente desentendía sus lealtades menores y se dedicaba a la causa de la nación, lo que siempre significa el gobierno nacional.

Los socialistas intentaron fingir que el fascismo era sencillamente la etapa más desarrollada, y también la más decrépita,
del capitalismo. Pero los fascistas dejaron perfectamente clara su
oposición al capitalismo. Para los sistemas enfrentados del capitalismo y el comunismo, proponían como sustituto una «tercera
vía». Los medios de producción permanecerían nominalmente
en manos privadas, pero el estado desempeñaría un papel sustancial en las decisiones de producción y asignación de recursos.
La devoción liberal clásica por los derechos individuales, por
supuesto, se desdeñaría a favor del colectivismo, pero en lugar
del llamamiento de los comunistas a la lucha proletaria mundial,
el colectivismo fascista se dirigiría hacia la nación.

¿Es de verdad poco razonable indicar que estos principios
no han muerto del todo? En EE.UU., la gente rinde homenaje obedientemente a los militares, aceptando las explicaciones
más absurdas sobre «mantenernos a salvo» y proteger nuestra
libertad. La economía de libre mercado se trata con desdén y
en su lugar se propugnan el control estatal ilustrado y las aso-
ciaciones público- privadas de todo tipo. A los jóvenes se les
reclama «servicio público» (que siempre significa servicio al
estado). John T. Flynn señalaba que una de las características
del fascismo era el papel sustancial que tenía el ejército en la
economía. Difícilmente podría haber imaginado lo que pasa en
el siglo XXI, cuando el gasto militar es casi tan grande como el
del resto del mundo junto.

La segunda parte de este libro homenajea a aquellas personas cuyas vidas y carreras representan exactamente lo opuesto
al estado fascista: Son personas que no se han dedicado a la
propaganda y el saqueo, sino a la verdad y la armonía social.
Estos nombres (entre ellos, Ludwig von Mises, Henry Hazlitt,
Murray Rothbard o Ron Paul) serán familiares para muchos
lectores de este libro.

Todos estos hombres han ido contracorriente. Hazlitt disfrutó
de una considerable importancia, es cierto, al escribir para el *New
York Times* (aunque no os lo podáis creer) y su libro *La economía
en una lección* ha vendido millones de ejemplares. Pero cuando

escribió *Los errores de la nueva economía*, una refutación sistemática de la *Teoría general* de John Maynard Keynes, estaba casi solo. Keynes había arrasado con todo y la profesión económica no estaba dispuesta a considerar críticas tan radicales.

Y cuando recordamos a Murray Rothbard, Ron Paul y Ludwig von Mises, vemos hombres que igualmente han mantenido posturas impopulares, aunque hacerlo significara mucho menos prestigio, fama e influencia de la que merecían. Sin embargo, el resultado maravilloso e inesperado de sus trabajos es que la obra de todos ellos está experimentando un renacimiento entre la gente inteligente. La obra de Murray se lee y estudia mucho más ampliamente hoy que durante su vida, precisamente porque muchas personas ahora buscan hombres con principios que digan la verdad, sean cuales sean las consecuencias para ellos.

Mises no recibía ningún salario de la Universidad de Nueva York, donde desarrolló su carrera académica en Estados Unidos. Estaba en un puesto no pagado. Sobrevivió porque un grupo de empresarios que apreciaba la importancia de su trabajo le pagaba un salario. Entretanto, sus colegas le ignoraban: ¿para qué querían un retroceso reaccionario al siglo XIX?

Sin embargo, hoy nadie recuerda a ningún miembro de la facultad de economía de la Universidad de Nueva York de 1957. Los poco distinguidos académicos que rehuían a Mises llevan mucho tiempo olvidados, mientras que la obra del propio Mises se estudia más que nunca. Mises ha reído el último.

Aquí hay un paralelismo con Ron Paul. Ron pasó la mayor parte de su vida pública en el anonimato. El Partido Republicano le trataba como un extraño. Los medios de comunicación normalmente no le entendían y, cuando lo hacían, lo encontraban demasiado peligroso como para exponerlo al público. Hablaba a grupos modestos, diciendo exactamente lo mismo que dice hoy.

Nadie va a recordar a la gente a la que se enfrentó Ron en sus campañas presidenciales de 2008 y 2012. Tommy Thompson, Duncan Hunter, Tim Pawlenty, Rick Santorum, Michele Bachmann ni ninguno de los demás ha cambiado la vida de nadie.

Como dice Tom Woods, nadie ha dicho: «Mi vida ha cambiado para siempre desde que descubrí la filosofía de Mitt Romney».

Pero Ron, aquel a quien los medios de comunicación y la clase política trataron con desdén, no será olvidado. Sus libros educarán a la gente durante muchos años, mucho después de que hayamos desaparecido. Su valeroso ejemplo servirá de inspiración mientras la gente respete a quien dice la verdad en medio de una avalancha de mentiras y con un considerable desgaste personal.

El paralelismo entre estos dos hombres no es exacto: Ron vivió hasta ver su vindicación, mientras que Mises no. Mises difícilmente pudo haber imaginado la creciente generación de brillantes intelectuales trabajando en la tradición austriaca que aparecerían a principios del siglo XXI. Ron vio a millones de personas, la mayoría jóvenes, desafiar a la desaprobación del poder en contra de Ron para alabarlo, aprender de él y extender su mensaje.

Y este es uno de aspectos más alentadores del fenómeno Ron Paul: el éxito de Ron es una prueba de que los medios establecidos están perdiendo el control que en su momento ejercitaban sobre la sociedad estadounidense. En otros tiempos, tres cadenas de televisión y un puñado de periódicos marcaban los límites de lo que era permisible discutir y creer. El estado corporativo y sus guerras y rescates se presentaban de la manera en que quería el régimen. Hoy, los proveedores oficiales de información luchan por mantenerse a flote. El *New York Times* y el *Washington Post* ven cómo se desploman sus ingresos. Entretanto, los telediarios se han visto sobrepasados por Internet como fuente de información para el público.

No es un momento para el pesimismo, a pesar de los muchos y grandes problemas a los que seguimos enfrentándonos. Imaginad si, en medio de la estanflación nixoniana de hace cuarenta años, se nos hubiera dicho que durante nuestra vida iban a ocurrir las siguientes cosas: (1) la Unión Soviética se derrumbaría y con ella la defensa de la economía planificada; (2) el monopolio de los moldeadores de la opinión oficial se vería aplastado de forma decisiva; (3) el interés por la Escuela Austriaca de economía se extendería entre los estudiantes estadounidenses y (4) a pesar del ninguneo de los medios, Ron Paul se convertiría en una sensación nacional e incluso global que sorprendería a los veteranos más curtidos. Habríamos considerado todo esto como una fantasía.

Esa fantasía es hoy realidad, así que ¿por qué tanto pesimismo? Por no mencionar que estamos esperando la implosión fiscal del gobierno de EE.UU. Eso solo puede ser bueno para la causa de la libertad.

Son tiempos peligrosos… para el estado. Su control sobre la mentalidad del público está desapareciendo. Sus herramientas keynesianas no funcionan para producir crecimiento económico. Las promesas del estado del bienestar están indudablemente hechas añicos. La confianza de la gente en el estado continuará erosionándose.

Repito, no es momento para la pesadumbre. Los tiempos peligrosos para el estado tendrían que ser tiempos de entusiasmo para los amigos de la libertad. Nuestro enemigo es el estado corporativo, descrito con detalle en la Parte I de este libro. Nuestra estrategia para la victoria la establecieron los grandes hombres retratados en la Parte II.

La gran lucha de la libertad contra el poder, que se ha estado produciendo desde el principio de los tiempos, ha llegado a un momento crucial. No seamos meros espectadores. Con nuestros escritos, con nuestras voces, con nuestras contribuciones a nuestra gran causa, demos un empujón a la historia en dirección a la libertad.

LA REALIDAD DEL FASCISMO ESTADOUNIDENSE

Capítulo 1

LA REALIDAD DEL FASCISMO REPUBLICANO*

Año nuevo es el momento para los grandes pensamientos, así que aquí están los míos. El cambio sociopolítico más importante de nuestro tiempo ha pasado casi completamente desapercibido e incluso inadvertido. Es el cambio radical de la burguesía republicana de un libertarismo aislacionista, manifestado en las elecciones al Congreso de 1994, a un nacionalismo estatista casi totalitario. Mientras que, en su momento, la clase media conservadora alababa la circunscripción del gobierno federal, ahora celebra el poder y adora el estado central, particularmente su rama militar.

Este enorme cambio no ha sido advertido por los expertos ortodoxos y por tanto ha habido pocos intentos de explicarlo y ha habido muchos menos libertarios que hayan pensado mucho acerca lo que implica. Mi opinión es esta: la llegada a la presidencia de los republicanos, combinada con un interminable estado de guerra, ha proporcionado todos los mecanismos necesarios para convertir en estatista un pujante movimiento libertario.

La justificación ideológica restante se deja, con éxito, a los *think tanks* mantenidos en Washington, que han aprobado el giro en cada etapa crucial. Lo que esto implica para los libertarios es una necesidad acuciante de establecer una clara separación entre lo que creemos nosotros y lo que creen los conservadores.

---

* Este artículo se publicó el 31 de diciembre de 2004.

También requiere que nos enfrentemos con franqueza a la realidad de la amenaza actual extendiendo más tolerancia retórica a la izquierda y menos a la derecha.

Empecemos en 1994 y vayamos avanzando. En un memorando sorprendentemente profético, Murray N. Rothbard describía la revolución de 1994 contra los demócratas como sigue:

> Un repudio público masivo y sin precedentes del presidente Clinton, su persona, su personal, sus ideologías y programas y toda su obra, sumado a un repudio del Partido Demócrata de Clinton y, más esencialmente, un rechazo a los designios, actuales y propuestos, del Leviatán que encabeza. (…) Lo que se rechaza es el gran gobierno en general (sus impuestos, mandatos, regulación, confiscación de armas e incluso su gasto) y, en particular, su arrogante ambición por controlar toda la sociedad desde el centro político. Votantes y contribuyentes han dejado de estar convencidos de una supuesta justificación para la planificación centralizada estadounidense (…) En el lado positivo, la gente esta afirmando vigorosa y fervientemente su deseo de relimitar y descentralizar el gobierno, de aumentar la libertad humana y de la comunidad, de reducir impuestos, mandatos e intrusión públicos, de volver a las costumbres culturales y sociales anteriores a los Estados Unidos de la década de 1960 y tal vez mucho antes que eso.

Este memorando también advertía acerca de un optimismo desbocado, porque, según decía Rothbard, albergaba en su cabeza dos errores que aparecen en casi todas las revoluciones. Primero, los reformadores no se mueven lo suficientemente rápido: por el contrario, a menudo experimentan una crisis de fe y se ven abrumados por reclamaciones de que gobiernen «responsablemente» en lugar de echar abajo el orden establecido. Segundo, los reformadores dejan demasiado en vigor que puede ser usado por sus sucesores para reconstruir el estado que se ha luchado tanto por desmantelar. Esto permite que se pierda lo ganado tan pronto como otro partido toma el control.

Rothbard reclamaba recortes drásticos en gasto, impuestos y regulación y no solo en el ámbito doméstico, sino también en el ejército y en política exterior. Consideraba que esto era crucial para cualquier programa de gobierno pequeño. También reclamaba desmantelar el poder judicial federal, indicando que representa un peligro claro e inminente para la libertad estadounidense. Pedía a los jóvenes radicales que acababan de ser elegidos rechazar engaños como la enmienda del presupuesto equilibrado y el veto parcial, a favor de un cambio real. Por supuesto, no ocurrió nada de esto. De hecho, el liderazgo republicano y los expertos empezaron a advertir en contra de «misiones kamikaze» y hablaban, no de traer libertad, sino de gobernar mejor que otros.

Previendo lo que iba a pasar, Rothbard señalaba: «Por desgracia, la gente conservadora se ve cautivada demasiado a menudo por la simple palabrería y no sopesa las acciones reales de sus iconos políticos. Así que el peligro es que Gingrich consiga, no solo traicionar, sino engañar a las personas revolucionarias para que piensen que ya han ganado y pueden cerrar la tienda e irse a casa». La única forma de impedir esto, escribía, era educar a la gente, a empresarios, estudiantes, académicos, periodistas y políticos acerca de la verdadera naturaleza de lo que estaba pasando y acerca de la naturaleza malvada de las élites bipartidistas en el gobierno.

Por supuesto, la revolución de 1994 fracasó, en parte porque la oposición antigobierno se vio intimidada para callarse por las bombas de Oklahoma City de abril de 1995. El *establishment* se las arregló de algún modo para atribuir el atentado a un exmilitar del libertarismo de derechas de la burguesía estadounidense. Todos los cargos públicos oficiales importantes dijeron en ese momento que ser antigobierno era dar ayuda y apoyo a milicias, secesionistas y otros terroristas nacionales. Fue una clásica campaña de intimidación, pero, combinada con el liderazgo de un Partido Republicano que nunca tuvo la intención de cambiar Washington, funcionaron para acabar con la oposición.

En los últimos años de la década de 1990, la clase media votante del Partido Republicano desplazó su enfado del gobierno y su leviatán hacia la persona de Bill Clinton. Se decía que representaba algún tipo de moral malévola única rapiñando la Casa Blanca. Ese ridículo escándalo de Monica culminó en una campaña patética y pretenciosa para recusar a Clinton. Recusar presidentes es una gran idea, pero recusarlos por pecadillos personales es probablemente la razón menos justificable. Es como si toda esa campaña se hubiera ideado para desacreditar la importante institución de la recusación (*impeachment*).

En todo caso, este hecho hizo cristalizar el partidismo de la burguesía, lanzando el mensaje de que el problema real era Clinton y no el gobierno, la inmoralidad del jefe del ejecutivo y no su poder, el libertinaje de los liberales de izquierda y no sus opiniones con respecto al gobierno. La muy pregonada coalición «déjadnos en paz» se había transformado completamente en un puro movimiento en contra de Clinton. La derecha de este país empezó a definirse, no como favorable a la libertad, como había pasado en 1994, sino sencillamente como antiizquierdista, como hoy.

Hay muchas buenas razones para ser antiizquierdista, pero recordemos lo que decía Mises en 1956 con respecto a los antisocialistas de su tiempo. Señalaba que muchas de esas personas tenían un programa puramente negativo: aplastar a los izquierdistas y sus costumbres bohemias y sus pretensiones intelectuales. Advertía que esto no era un programa para la libertad. Era un programa de odio que solo podía degenerar en estatismo.

> La corrupción moral, la licenciosidad y la esterilidad intelectual de una clase de supuestos autores lascivos es el rescate que debe pagar la humanidad para que no se impida que los pioneros creativos completen sus obras. Debe concederse libertad a todos, incluso a la gente corriente, si no se quiere perjudicar a los pocos que pueden usarla en beneficio de la humanidad. La licencia de la que disfrutan los harapientos personajes del Barrio Latino fue una de las condiciones que

hizo posible la aparición de unos cuantos grandes escritores, pintores y escultores. Lo que más necesita un genio es respirar aire libre.

Continuaba pidiendo a los antiizquierdistas que se formaran en economía, de forma que pudieran tener un programa positivo para eliminar el puramente negativo. Un programa positivo de libertad es la única vía que podemos tener como recambio de los controles públicos que se han implantado en este país después de que Bush usara los atentados del 11-S para aumentar la planificación centralizada, invadir Afganistán e Iraq y crear de cualquier modo una forma de estatismo en Estados Unidos que hace que Clinton parezca un defensor del *laissezfaire* en comparación. La administración Bush no solo no ha encontrado resistencias en la burguesía: ha recibido alabanzas. Y no solo están alabando la reelección de Bush: han adoptado un control tiránico de la sociedad como medio para alcanzar sus fines antiizquierdistas.

Después del 11 de septiembre, incluso aquellos cuyo propósito ostensible en la vida era defender menos gobierno cambiaron de opinión. Incluso después de que quedó claro que el 11-S se usaría como la mayor excusa para la expansión del gobierno desde el *crash* de la bolsa de 1929, el Instituto Cato decía que el libertarismo tenía que cambiar completamente de enfoque: «Los libertarios normalmente entran en debates públicos para reclamar restricciones sobre la actividad del gobierno. Tras el 11 de septiembre, se nos ha recordado a todos el propósito real del gobierno: proteger nuestra vida, libertad y propiedad frente a la violencia. Este sería un buen momento para que el gobierno federal hiciera su trabajo con vigor y determinación».

El vigor y la determinación de la administración Bush ha producido un profundo cambio cultural, de forma que la misma gente que en su momento proclamaba su odio al gobierno ahora defiende su uso contra disidentes de todo tipo, especialmente con los que se atreven a reclamar límites en la burocracia totalitaria del ejército o sugieren que Bush no es infalible en sus decisiones de política exterior. Aquí la lección es que es siempre un error defender la acción del gobierno. Pues no hay manera de que se pueda prever cómo la usará el gobierno. Tampoco se puede contar nunca con que una parte de la población será moral en su defensa del uso del poder de policía.

Por ejemplo, *Editor & Publisher* publicaba hace unos días una pequeña nota acerca de un artículo escrito por Al Neuharth, fundador de *USA Today*, en la que sugería con timidez que se trajera a las tropas de Iraq «más pronto que tarde». El director de *E&P* se vio anegado de cartas llenas de ponzoña y odio, que pedían que Neuharth fuera juzgado y encarcelado por traidor. Las cartas le comparaban con periodistas seguidores de Hitler y sugerían que era objetivamente proterrorista, prefiriendo apoyar a la yihad musulmana que al ejército de EE.UU. Otras cartas pedían la pena capital para Neuharth por atreverse a contradecir a los líderes cristianos de esta gran nación cristiana.

En realidad, esto no me sorprende. Lleva gestándose durante algún tiempo. Si seguimos sitios llenos de odio como Free Republic, sabemos que la derecha populista en este país ha estado defendiendo el holocausto nuclear y el derramamiento masivo de sangre durante más de un año. El militarismo y el nacionalismo minimizan todo lo que yo haya visto en cualquier momento de la Guerra Fría. Celebran el derramamiento de sangre y muestra un amor maníaco por el estado. La nueva ideología de la burguesía republicana parece creer de verdad que EE.UU. es Dios caminando sobre la tierra (no algo parecido a un dios, sino algo que realmente actúa como representante del mismo Dios).

Junto con esto aparece una especie de adoración de la presidencia y una celebración de todo el sector público, incluyendo leyes indignantes como la Patriot Act, burocracias indignantes como el Departamento de Seguridad Nacional y regulaciones indignantes impuestas centralizadamente como la No Child Left Behind Act. Se desea que el estado emplee su poder en instituciones como la familia heterosexual biparental, la caridad cristiana o la comunidad homogénea de patriotas nacidos en el país.

En 1994, el estado central era visto por la burguesía como la principal amenaza para la familia; en 2004 se ve como la principal herramienta para mantener unida la familia y asegurar su ascendencia. En 1994, el estado se veía como enemigo de la educación; hoy, las mismas personas ven al estado como el medio para aumentar la calidad y eliminar las influencias izquierdistas en ella. En 1994, la mayoría de los cristianos veían que el Leviatán era el principal enemigo de la fe; hoy, ven al Leviatán como la herramienta con la que garantizarán que su fe tenga un impacto en el país y el mundo.

Paul Craig Roberts tiene razón: «Sin embargo, en las filas de los nuevos conservadores veo y experimento mucho odio. Me llegan correos electrónicos ignorantes, irracionales y con palabras violentas de personas que se declaran conservadoras y que literalmente adoran a George Bush». Y repite: «Como las camisas pardas, los nuevos conservadores se toman personalmente cualquier crítica a su líder y sus políticas. Ser un crítico es ser un enemigo».

En resumen, lo que tenemos vivo en EE.UU. es un fascismo actualizado y americanizado. ¿Por qué es fascista? Porque no es izquierdista en el sentido de igualitario o redistribucionista. No le preocupan los negocios. No simpatiza con los oprimidos, los trabajadores o los pobres. Defiende las instituciones básicas de la vida burguesa en Estados Unidos: familia, religión y bandera. Pero ve al estado como el principio organizativo central de la sociedad, considera a las instituciones públicas como los medios más esenciales por los que todas estas instituciones quedan protegidas y promovidas y adora al jefe del estado como un personaje divino que sabe mejor que cualquier otro lo que necesitan el país y el mundo, y tiene una relación especial con el Creador que le permite discernir los mejores medios para conseguirlo.

La derecha estadounidense hoy ha conseguido ser sólidamente antiizquierdista al tiempo que adoptaba una ideología (incluso sin saberlo o ser del todo consciente del cambio) que también es alarmantemente contraria a la libertad. Esta realidad resulta muy difícil de entender o aceptar para los libertarios.

Durante mucho tiempo, hemos tendido a ver la amenaza principal para la libertad como proveniente de la izquierda, de los socialistas que buscan controlar la economía desde el centro. Pero también debemos recordar que los vaivenes de la historia demuestran que hay dos peligros principales para la libertad: uno que viene de la izquierda y otro que viene de la derecha. Europa y Latinoamérica llevan mucho tiempo enfrentándose a esta última amenaza, pero su realidad solo ahora nos golpea con toda su fuerza.

¿Cuál es la amenaza más acuciante y urgente para la libertad a la que nos enfrentamos en este momento? No viene de la izquierda. Al menos la izquierda ha sido fiel a las libertades civiles y ha sido esencial para dirigir la atención hacia las mentiras y abusos de la administración Bush. No, hoy el peligro claro e inminente para la libertad viene del lado derecho del espectro ideológico, aquellas personas a las que les parece bien preservar la mayoría de la libre empresa, pero están a favor de dirigir desde arriba la sociedad, la cultura, la familia y la escuela y pretenden usar un nacionalismo mesiánico y beligerante para imponer al mundo su visión política.

No hay necesidad de usar el criterio de que el enemigo de mi enemigo es mi amigo. Sin embargo, es hora de darse cuenta de que la izquierda hoy representa un contrapeso para la derecha, igual que lo fue en la década de 1950, cuando la derecha empezó a adoptar el militarismo anticomunista como su credo. En un momento en el que la palabra patriotismo significa apoyar las armas y el estatismo de la nación, un patriotismo libertario tiene más en común con lo anticipado por la revista *The Nation*:

> La otra compañía de patriotas no marcha con un ritmo militar. Prefiere los compases de «La bella América» a las cadencias estridentes de «Gloria al jefe» y «Barras y estrellas eternas». Este patriotismo está arraigado en el amor a la propia tierra y pueblo y también en el amor por los mejores ideales de la cultura y las tradiciones propias. Esta compañía de patriotas no encuentra ninguna gloria en engrandecer su país empe-

queñeciendo a otros. Este patriotismo es profundamente pro-
vinciano, incluso local. Sus placeres son serenos, sus servicios
constantes y sin pretensiones. Su patriotismo también tiene
raíces profundas y una larga continuidad en nuestra historia.

Hace diez años, estos eran sentimientos de «derechas», hoy
la derecha los considera traidores. ¿Qué debemos aprender de
esto? Nos demuestra que quienes ven los intereses de la libertad
bien atendidos por los representantes politizados de la libre empresa sola, la familia sola, el cristianismo solo, la ley y el orden
solos, están profundamente equivocados. No hay representantes
para la libertad, no hay causa que sirva como sustitutivo viable,
ni movimiento con ningún nombre que puedan generar libertad en nuestros tiempos que no sea el propio movimiento de la
libertad. Tenemos que adoptar la libertad y solo la libertad y no
dejar que nos engañen grupos de partidos o movimientos que
solo desean una libertad temporal para perseguir sus intereses.

Como decía Rothbard en 1965:

> La doctrina de la libertad contiene elementos que se corres-
> ponden tanto con la izquierda como con la derecha contem-
> poráneas. Esto no significa en modo alguno que seamos una
> tercera vía que trata de combinar eclécticamente o brujulear
> entre ambos polos, sino que una visión coherente de la libertad
> incluye conceptos que también se han convertido en parte de
> los argumentos o programas de la derecha y la izquierda. De
> ahí que una aproximación creativa hacia la libertad deba tras-
> cender los confines de los dogmas políticos contemporáneos.

Nunca en mi vida ha habido una necesidad más urgente
de que el partido de la libertad se independice completamente
del pensamiento convencional y las instituciones establecidas,
especialmente aquellas asociadas con todos los aspectos del
gobierno, y asuma una acción intelectual radical a favor de una
tercera vía que rechace el socialismo de la izquierda y el fascismo
de la derecha.

De hecho, los tiempos actuales pueden verse como un periodo de formación para todos los verdaderos amigos de la libertad. Tenemos que aprender a reconocer los muchos disfraces distintos con los que se presenta la tiranía. El poder es proteico, porque debe suprimir ese impulso hacia la libertad que existe en los corazones de todas las personas. El impulso está ahí, esperando tácitamente a la conciencia para amanecer. Cuando lo hace, el poder no tiene ninguna oportunidad.

Capítulo 2

LA AMENAZA FASCISTA*

Todo el mundo sabe que la palabra fascista es peyorativa y se usa a menudo para describir cualquier postura política que no gusta a quien habla. No hay nadie por ahí que esté dispuesto a levantarse y decir «Soy un fascista: creo que el fascismo es un gran sistema social y económico».

Pero yo digo que, si fueran honrados, la gran mayoría de políticos, intelectuales y activistas políticos tendrían que decir justamente eso.

El fascismo es el sistema de gobierno que carteliza el sector privado, planifica centralizadamente la economía para subvencionar a los productores, exalta el estado policial como fuente de orden, niega derechos y libertades fundamentales a los individuos y hace del poder ejecutivo el amo ilimitado de la sociedad.

Esto describe la política general hoy en Estados Unidos. Y no solo en Estados Unidos. También es verdad en Europa. Es tan parte de la corriente principal que difícilmente se advierte.

Es verdad que el fascismo no tiene un aparato teórico general. No hay un gran teórico como Marx. Eso no lo hace menos real y distinguible como sistema social, económico y político. El fascismo también prospera como un *estilo* distinguible de gestión social y económica. Y es una amenaza igual o mayor para la civilización que el socialismo completamente desarrollado.

---

* 19 de junio de 2012.

Esto pasa porque sus rasgos son en buena medida una parte de la vida (y lo han sido durante tanto tiempo) por lo que nos son casi invisibles.

Si el fascismo nos es invisible, es verdaderamente un asesino silencioso. Dispone de un estado, enorme, violento y torpe alrededor del libre mercado que drena su capital y productividad como un parásito mortal en un huésped. Por eso al estado fascista se le ha llamado la economía vampiro. Absorbe la vida económica de una nación y produce la muerte lenta de una economía antes próspera.

Dejadme que mencione solo un ejemplo reciente.

El declive

Los periódicos estuvieron la semana pasada llenos de los primeros datos del Censo de EE.UU. El titular de portada se preocupaba por el enorme aumento en la tasa de pobreza. Es el mayor aumento en 20 años y ahora llega al 15%.

Pero la mayoría de la gente escucha esto y lo rechaza, probablemente por buenas razones. Los pobres en este país no son pobres bajo ningún patrón histórico. Tienen celulares, TV por cable, coches, montones de comida y mucha renta disponible. Es más, no existe una clase fija llamada los pobres. La gente va y viene, dependiendo de la edad y las circunstancias de la vida. Además, en política estadounidense, cuando oyes quejas acerca de los pobres, todos sabemos qué se supone que debes hacer: dar tu cartera al gobierno.

Enterrado en el informe hay otro hecho que tiene un significado mucho más profundo. Se refiere a la mediana de la renta familiar en términos reales.

Lo que revelan los datos es devastador. Desde 1999, la mediana de las rentas familiares ha caído un 7,1%. Desde 1989, la mediana de las rentas familiares es en buena medida plana. Y desde 1973 y el fin del patrón oro, apenas ha aumentado en absoluto. La gran máquina de generación de riqueza que fue en un tiempo Estados Unidos está fallando.

Una generación ya no puede esperar vivir mejor que la anterior. El modelo económico fascista ha matado lo que una vez fue llamado el sueño americano. Y, por supuesto, la verdad es incluso peor de lo que revelan las estadísticas. Tenéis que considerar cuántas rentas existen dentro de una familia para constituir la renta total. Después de la Segunda Guerra Mundial, la familia de una sola renta se convirtió en la norma. Luego se destruyó el dinero y los ahorros estadounidenses se eliminaron y la base de capital de la economía fue devastada. Fue en ese momento cuando las familias empezaron a luchar para mantenerse a flote. El año 1985 fue el punto de inflexión. Fue el año en que se hizo más común que no que una familia tuviera dos rentas en lugar de una. Las madres entraron en el mercado laboral para mantener a flote la renta familiar.

Los intelectuales alabaron esta tendencia, ya que representaba la liberación, cantando las loas de que todas las mujeres en todas partes se añadían a las nóminas como valiosas contribuidoras a las arcas del estado. La causa real era el aumento del dinero fiduciario que depreciaba la moneda, robaba los ahorros y empujaba a la gente a ser fuerza laboral como contribuyentes.

La historia no solo la cuentan los datos. Hay que mirar la demografía para descubrirla.

Este enorme cambio demográfico esencialmente proporcionó a la familia estadounidense otros veinte años de aparente prosperidad, aunque es difícil calificarla así, ya que no había ninguna alternativa. Si querías seguir viviendo el sueño, la familia ya no podía arreglárselas con una sola renta.

Pero este enorme cambio fue simplemente una válvula de escape. Produjo veinte años de ligeros aumentos antes de que tendencia de la renta volviera a hacerse plana. A lo largo de la pasada década estábamos de nuevo cayendo. Hoy la mediana de renta de una familia está solo ligeramente por encima de donde estaba cuando el presidente Nixon destrozó el dólar, puso controles de precios y salarios, creó la EPA y se enquistó e hizo universal todo el aparato del estado parasitario de bienestar y guerra.

Sí, esto es fascismo y estamos pagando el precio. El sueño se está destruyendo.

Las palabras en Washington acerca de la reforma, ya sea de demócratas o republicanos, son como un mal chiste. Hablan de cambios pequeños, recortes pequeños, comisiones que establecerán, límites que pondrán en diez años. Es todo un ruido de fondo. Nada de esto arreglará los problemas. Ni siquiera estará cerca de hacerlo.

El problema es más esencial. Es la calidad del dinero. Es la misma existencia de 10.000 agencias regulatorias. Es la completa suposición de que tengas que pagar al estado por el privilegio de trabajar. Es la presunción de que el gobierno debe dirigir todo aspecto del orden capitalista. En resumen, el problema es el estado total y el sufrimiento y el declive continuarán mientras exista el estado total.

Los orígenes del fascismo

Es verdad que la última vez en que la gente se preocupó por el fascismo fue durante la Segunda Guerra Mundial. Se nos dijo que estábamos luchando en el extranjero contra este malvado sistema. Estados Unidos derrotó a los gobiernos fascistas, pero la filosofía de gobierno que representa el fascismo no fue derrotada. Muy poco después de esa guerra, empezó otra. Fue la Guerra Fría, que posicionaba al capitalismo contra el comunismo. El socialismo en este caso se consideraba una forma moderada de comunismo, tolerable e incluso alabable mientras estuviera ligado a la democracia, que es el sistema que legaliza y legitima un continuo pillaje sobre la población.

Entretanto, casi todos han olvidado que hay muchos otros colores de socialismo, no todos evidentemente de izquierdas. El fascismo es uno de estos colores.

No puede haber dudas de sus orígenes. Está ligado a la historia de la política italiana tras la Primera Guerra Mundial. En 1922 Benito Mussolini ganó unas elecciones democráticas y estableció el fascismo como su filosofía. Mussolini había sido miembro del Partido Socialista Italiano.

Todos los miembros más importantes del movimiento fascista provenían de los socialistas. Era una amenaza para los socialistas, porque era el vehículo político más atractivo para la aplicación al mundo real del impulso socialista. Los socialistas se trasladaron en masa a unirse a los fascistas.

Por eso el propio Mussolini disfrutó de tan buena prensa durante más de diez años desde que empezó a gobernar. Era alabado por el *New York Times* en un artículo tras otro. Fue proclamado en publicaciones académicas como un ejemplo del tipo de líder que necesitábamos en la era de la sociedad planificada. Publirreportajes sobre este fanfarrón fueron muy comunes en el periodismo de EE.UU. desde finales de la década de 1920 hasta mediados de la de 1930.

Recordemos que, en este mismo periodo, la izquierda estadounidense sufrió una enorme transformación. En las décadas de 1910 y 1920, la izquierda estadounidense tuvo un muy alabable impulso anticorporativista. La izquierda en general se oponía a la guerra, al sistema penal público, a la ley seca y a todas las violaciones de las libertades civiles. No era amiga del capitalismo, pero tampoco lo era del estado corporativo del tipo que forjó FDR durante el New Deal.

En 1933 y 1934, la izquierda estadounidense tenía que tomar una decisión.

¿Adoptaría el corporativismo y la reglamentación del New Deal o seguiría el principio de sus antiguos valores liberales? En otras palabras, ¿aceptarían el fascismo como un paso intermedio para su utopía socialista? Se produjo una batalla gigantesca en este periodo y hubo un claro vencedor. El New Deal hizo a la izquierda una oferta que no pudo rechazar. Y fue un pequeño paso ir de la adopción de la economía planificada fascista a la alabanza del estado del bienestar que cerró el periodo del New Deal.

No fue más que una repetición de la misma sucesión de acontecimientos en Italia una década antes. También en Italia la izquierda se dio cuenta de que su programa anticapitalista podía alcanzarse mejor dentro del marco del estado autoritario y planificado. Por supuesto, nuestro amigo John Maynard Keynes desempeñó un papel esencial al proporcionar una justificación pseudocientífica para unirse a la oposición al laissez faire del viejo mundo en una nueva apreciación de la sociedad planifica-da. Recordad que Keynes no era un socialista de la vieja escuela. Como él mismo decía en su prólogo a la edición nazi de su *Teoría general*, el nacionalsocialismo era mucho más acogedor para sus ideas que una economía de mercado.

Flynn dice la verdad

El estudio más definitivo sobre el fascismo escrito en estos años fue *As We Go Marching,* de John T. Flynn. Flynn era un perio-dista e intelectual de espíritu liberal que había escrito varios libros superventas en la década de 1920. Probablemente pueda colocársele en el bando progresista en la década de 1920. Fue el New Deal el que le cambió. Todos sus colegas siguieron a FDR al fascismo, mientras que el propio Flynn mantuvo su antigua fe. Eso significó luchar contra FDR a cada paso y no solo en sus planes nacionales. Flynn era un líder del movimiento America First que veía la deriva de FDR hacia la guerra como nada más que una extensión de New Deal, algo que era realmente.

Pero como Flynn fue parte de lo que Murray Rothbard llama-ría más tarde la Vieja Derecha (Flynn pasó a oponerse tanto al estado de bienestar como al estado de guerra), su nombre cayó en el agujero de la memoria orwelliana después de la guerra, durante el apogeo del conservadurismo de la CIA.

As We Go Marching se publicó en 1944, en el último tramo de la Guerra y justo en medio de los controles económicos de tiempo de guerra en todo el mundo. Es extraordinario que haya conseguido pasar la censura. Es un estudio a gran escala de la teoría y la práctica fascistas y Flynn indicaba con precisión dónde acababa el fascismo: en el militarismo y la guerra con cumplimiento de su programa de gasto en estímulo. Cuando no te queda otra cosa en la que gastar el dinero, siempre puedes depender de fervor nacionalista para respaldar más gasto militar.

Al revisar la historia del auge del fascismo, Flynn escribía:

> Uno de los fenómenos más desconcertantes del fascismo es la casi increíble colaboración entre hombres de la extrema derecha y de la extrema izquierda en su creación. La explicación es esta. Tanto la derecha como la izquierda se unieron en su reclamación de regulación. Los motivos, los argumentos y las formas de expresión fueron diferentes, pero todos iban en la misma dirección. Y esta era que el sistema económico debe estar controlado en sus funciones esenciales y este control deben ejercitarlo los grupos productivos.

Flynn escribe que la derecha y la izquierda discrepaban precisamente en quién debe considerarse el grupo productivo. La izquierda tiende a considerar a los trabajadores como productores. La derecha tiende a estar a favor de los propietarios de empresas como productores. El acuerdo político (que sigue hasta hoy) fue cartelizar ambos.

El gobierno bajo el fascismo se convierte en el dispositivo cartelizador tanto para trabajadores como para propietarios privados de capital. La competencia entre trabajadores y entre empresas se considera como derrochadora y sin sentido: las élites políticas deciden que estos miembros de estos grupos tienen que unirse y cooperar bajo supervisión del gobierno para construir una nación poderosa.

A los fascistas siempre les ha obsesionado la idea de la grandeza nacional. Para ellos, esto no consiste en una nación de gente que se haga cada vez más próspera, disfrutando de vidas mejores y más largas. No, la grandeza nacional se produce cuando el estado se dedica a construir enormes monumentos, crear sistemas nacionales de transporte, esculpir Mount Rushmore o excavar el Canal de Panamá.

En otras palabras, la grandeza nacional no es lo mismo que tu grandeza o la de tu familia o la de tu empresa o profesión.

Todo lo contrario. Te tienen que poner impuestos, el valor de tu dinero tiene que depreciarse, tu privacidad invadirse y tu bienestar disminuirse para conseguirlo. Desde este punto de vista, el gobierno tiene que *hacernos* grandes.

Por desgracia, tal programa tiene una mucha mayor posibilidad de tener éxito político que el socialismo de la vieja escuela. El fascismo no nacionaliza la propiedad privada como hace el socialismo. Esto significa que la economía no se derrumba inmediatamente. Tampoco el fascismo busca igualar las rentas. No se habla de la abolición del matrimonio o de la nacionalización de los niños.

La religión no queda abolida, sino que se usa como herramienta de manipulación política. El estado fascista era más astuto políticamente que el comunismo en este aspecto. Mezclaba religión y estatismo en un paquete, animando a adorar a Dios, dado que el estado operaba como intermediario.

Bajo el fascismo, la sociedad como la conocemos queda intacta, aunque todo esté dominado por un poderoso aparato del estado. Mientras que las enseñanzas tradicionales socialistas estimulaban una perspectiva globalizada, el fascismo era explícitamente nacionalista. Adoptaba y exaltaba la idea del estado-nación.

Respecto de la burguesía, el fascismo no busca su expropiación. Por el contrario, la clase media obtiene lo que quiere en forma de seguro social, prestaciones médicas y altas dosis de orgullo nacional.

Es por todas estas razones por las que el fascismo asume un aspecto de derechas. No ataca los valores burgueses esenciales. Se apoya en ellos para conseguir el apoyo para una reglamentación nacional completa y respaldada democráticamente de control económico, censura, cartelización, intolerancia política, expansión geográfica, control del ejecutivo, estado policial y militarismo.

Por mi parte, no tengo ningún problema en referirme al programa fascista como una teoría de derechas, aunque sí cumpla aspectos del sueño de la izquierda. Lo esencial aquí se refiere a su atractivo para el público y los grupos demográficos que normalmente siguen políticas de derechas.

Si lo pensáis, el estatismo de derechas es de un aspecto, forma y tono distintos del estatismo de izquierdas. Cada uno está pensado para atraer a un grupo distinto de votantes con distintos intereses y valores.

Sin embargo, estas divisiones no son estrictas y ya hemos visto cómo un programa socialista de izquierdas puede adaptarse y convertirse en un programa fascista de derechas con muy pocos cambios sustanciales, aparte de la mercadotecnia.

Las ocho características de la política fascista

John T. Flynn, como otros miembros de la Vieja Derecha, estaba disgustado ante la paradoja de que lo que veía, casi todos los demás optaban por ignorarlo. En la lucha contra regímenes autoritarios en el exterior, apuntaba, Estados Unidos había adoptado esas formas de gobierno en el interior, completadas con controles de precios, racionamiento, censura, dictadura del ejecutivo e incluso campos de concentración para grupos enteros considerados como no fiables en su lealtad al estado.

Después de revisar esta larga historia, Flynn procede a resumir con una lista de ocho puntos que considera que son las características del estado fascista.

Al presentarlos, también hago comentarios sobre el estado centralizado estadounidense.

Punto 1. El gobierno es totalitario porque no reconoce ninguna limitación a sus poderes

Es una característica muy elocuente. Sugiere que el sistema político de EE.UU. puede describirse como totalitario. Es una característica chocante que la mayoría de la gente rechazaría. Pero solo pueden rechazar esta caracterización mientras no se vean directamente atrapados en la red del estado. Si es así, descubrirán rápidamente que no hay de hecho límites a lo que puede hacer el estado. Esto puede pasar al subirse a un avión, al conducir a casa o al ver tu negocio en conflicto con alguna agencia pública. Al final deben obedecer o ser enjaulados como animales o muertos. De esta manera, no importa cuánto puedan creer que son libres, hoy todos estamos a un paso de Guantánamo.

Todavía en la década de 1990, puedo recordar que hubo momento en los que Clinton parecía sugerir que había cosas que su administración no podía hacer. Hoy no estoy tan seguro de que pueda recordar a ningún cargo público alegando las limitaciones del derecho o las limitaciones de la realidad a lo que puede hacerse y lo que no. Ningún aspecto de la vida está exento de intervención pública y a menudo adopta formas que no vemos fácilmente. Toda la atención sanitaria está regulada, pero lo mismo pasa con cada pizca de nuestra comida, transporte, ropa, productos del hogar e incluso relaciones privadas.

El propio Mussolini expresó así este principio: «Todo dentro del estado, nada fuera del estado, nada contra el estado». También dijo: «La piedra angular de la doctrina fascista es su concepción del estado, de su esencia, sus funciones y sus objetivos. Para el fascismo, el estado es absoluto, los individuos y grupos, relativos».

Os pregunto si ésta es la ideología que prevalece hoy en Estados Unidos. Esta nación, concebida en libertad, se ha visto secuestrada por el estado fascista.

PUNTO 2. EL GOBIERNO ES UNA DICTADURA DE HECHO, BASADA EN EL PRINCIPIO DE LIDERAZGO

Yo no diría que tenemos realmente una dictadura de un hombre en este país, pero sí tenemos una dictadura de un sector del gobierno sobre todo el país. El poder ejecutivo se ha expandido tan enormemente en el último siglo que se ha convertido en una broma hablar de controles y contrapesos. Lo que aprenden los niños en las clases de civismo no tiene nada que ver con la realidad.

El estado ejecutivo es el estado tal y como lo conocemos, que va desde la Casa Blanca hacia abajo. El papel de los tribunales es aplicar la voluntad del ejecutivo. El papel del legislativo es ratificar la política del ejecutivo.

Además, este ejecutivo realmente no es la persona que parece estar al frente. El presidente es solo el barniz y las elecciones son solo los rituales tribales que realizamos para conferir cierta legitimidad a la institución. En realidad, el estado-nación vive y prospera fuera de cualquier «mandato democrático». Aquí encontramos el poder de regular todos los aspectos de la vida y el perverso poder de crear el dinero necesario para financiar este gobierno del ejecutivo.

Respecto del principio de liderazgo, no hay mayor mentira en la vida pública estadounidense que la propaganda que oímos cada cuatro años acerca de cómo el nuevo presidente/mesías va a conseguir los grandes resultados de la paz, la igualdad, la libertad y la felicidad humana global. Aquí la idea es que toda la sociedad realmente está moldeada y controlada por una sola voluntad, algo que requiere un acto de fe tan grande que tienes que olvidar todo lo que sabes acerca de la realidad para creerlo.

Y aun así la gente lo hace. La esperanza de un mesías llegó al paroxismo con la elección de Obama. La religión cívica estaba en modo adoración a gran escala del ser humano más grande que haya vivido o vivirá nunca. Fue una visión despreciable.

Otra mentira que cree el pueblo estadounidense es que las elecciones presidenciales generan un cambio de régimen. Es una tontería. El estado de Obama es el estado de Bush, el estado de Bush era el estado de Clinton, el estado de Clinton era el estado de Bush, el estado de Bush era el estado de Reagan. Podemos remontarnos mucho más atrás en el tiempo y ver que se solapan nombramientos, burócratas, técnicos, diplomáticos, cargos de la Fed, élites financieras y así sucesivamente. Los cambios en el cargo no se producen por las elecciones sino por la mortalidad.

Punto 3. El gobierno administra un sistema capitalista con una burocracia inmensa

La realidad de la administración burocrática ha estado con nosotros al menos desde el New Deal, que se moldeó sobre la burocracia planificadora que hubo en la Primera Guerra Mundial.

La economía planificada (ya sea en tiempos de Mussolini o en los nuestros) requiere burocracia. La burocracia es el corazón, los pulmones y las venas del estado planificador. Y aun así regular una economía tan completamente como se hace hoy es matar la prosperidad con un millón de pequeños cortes.

Esto no significa necesariamente una contracción económica, al menos no inmediatamente. Pero definitivamente significa acabar con el crecimiento que se habría producido en un mercado libre en otro caso.

Entonces ¿dónde está nuestro crecimiento? ¿Dónde está el dividendo de la paz que se suponía que vendría tras el final de la Guerra Fría? ¿Dónde están los frutos de las asombrosas ganancias en eficiencia que ha permitido la tecnología? Se los ha comido la burocracia que gestiona todos nuestros movimientos en esta tierra. El monstruo voraz e insaciable se llama aquí Código Federal y hace que miles de agencias ejerzan un poder policial para impedirnos vivir libremente.

Es como dijo Bastiat: el coste real del estado es la prosperidad que no vemos, los empleos que no existen, las tecnologías a las que no tenemos acceso, los negocios que no llegaron a existir y el brillante futuro que se nos ha robado. El estado nos ha saqueado tan seguramente como un ladrón que entra en nuestra casa y nos roba todo lo que amamos.

Punto 4. Los productores están organizados en cárteles al estilo sindical

No pensamos normalmente en nuestra actual estructura económica como sindicalista. Pero recordad que sindicalismo significa control económico por los productores. El capitalismo es diferente. En virtud de sus estructuras de mercado, pone todo el control en mano de los consumidores. Por tanto, la única pregunta a los sindicalistas es qué productores van a disfrutar del privilegio político. Podrían ser los trabajadores, pero también pueden ser las grandes empresas.

En el caso de Estados Unidos, en los últimos tres años, hemos visto cómo bancos gigantescos, empresas farmacéuticas, aseguradoras, compañías automovilísticas, bancos y brokers de Wall Street y compañías hipotecarias cuasiprivadas disfrutaban de enormes privilegios a nuestra costa. Todos se han unido al estado en llevar una existencia parasitaria a nuestra costa.

También esto es una expresión de la idea sindicalista y ha costado a la economía de EE.UU. incontables billones y sostenido una depresión económica al impedir el ajuste posterior al auge que habrían dictado los mercados en otro caso. El gobierno ha apretado su rienda sindicalista en nombre del estímulo.

PUNTO 5. LA PLANIFICACIÓN ECONÓMICA SE BASA EN EL PRINCIPIO DE AUTARQUÍA

La autarquía es el nombre que se da a la idea de autosuficiencia económica. El su mayor parte se refiere a la autodeterminación económica del estado- nación. El estado-nación debe ser enorme geográficamente para soportar el rápido crecimiento económico de una población grande y creciente.

Esta fue y es la base del expansionismo fascista. Sin la expansión, el estado muere. También es la idea que hay tras la extraña combinación de presión proteccionista hoy combinada con el militarismo. Está dirigida en parte por la necesidad de controlar los recursos.

Fijaos en las guerras en Iraq, Afganistán y Libia. Seríamos enormemente ingenuos si creyéramos que estas guerras no están motivadas en parte por los intereses de los productores del sector petrolífero. Es en general la verdad del imperio estadounidense, que apoya la hegemonía del dólar.

Es la razón para la planificada Unión Norteamericana.

El objetivo es la autosuficiencia nacional en lugar de un mundo de comercio pacífico. Consideremos también los impulsos proteccionistas de los candidatos republicanos. No hay un solo republicano, aparte de Ron Paul, que apoye de verdad el libre comercio en su definición clásica.

Desde la antigua Roma a los actuales Estados Unidos, el imperialismo es una forma de estatismo que ama la burguesía. Por esta razón, el empuje de Bush tras el 11-S hacia un imperio global se ha vendido como patriotismo y amor al país en lugar de lo que es un saqueo de la libertad y la propiedad en beneficio de las élites políticas.

Punto 6. El gobierno sostiene la vida económica mediante el gasto y el crédito

Este punto no requiere ningún desarrollo porque ya no está oculto. Hubo un estímulo 1 y un estímulo 2, ambos tan desacreditados que el estímulo 3 tendrá que adoptar un nuevo nombre. Llamémosle la American Jobs Act.

Con un discurso en horario de máxima audiencia, Obama argumentó a favor de este programa con algunos de los análisis económicos más necios que yo haya escuchado nunca. Reflexionaba acerca de cómo es que la gente está desempleada en un momento en que escuelas, puentes e infraestructura necesitan reparaciones. Ordenó que oferta y demanda se unieran para hacer el trabajo necesario con empleos.

¿Hola? Las escuelas, puentes e infraestructura a los que se refiere Obama han sido todos construidos y mantenidos por el estado. Por eso se están cayendo. Y la razón por la que la gente no tiene empleos es porque el estado ha hecho demasiado caro contratarlos. No es complicado. Tumbarse y soñar con otros escenarios no es distinto de esperar que el agua fluya hacia arriba o que las rocas floten en el aire. Equivale a una negación de la realidad.

Pero Obama continúa invocando la vieja añoranza fascista de la grandeza nacional. «Crear un sistema de transporte de categoría mundial», decía, «es parte de lo que nos hizo una superpotencia económica». Luego se preguntaba:

«¿Nos vamos a cruzar de brazos y ver cómo China construye nuevos aeropuertos y ferrocarriles más veloces?»

Bueno, la respuesta a esa pregunta es sí. ¿Y sabéis qué? No daña a ningún estadounidense que una persona en China viaje en un ferrocarril más rápido que los nuestros. Afirmar otra cosa es incitar a la histeria nacionalista.

Respecto del resto de este programa, Obama prometió otra larga lista de proyectos de gasto. Mencionemos solo la realidad: Ningún gobierno en la historia del mundo ha gastado tanto, tomado prestado tanto y creado tanto dinero falso como Estados Unidos. Si Estados Unidos no se puede calificar de estado fascista en este sentido, ningún gobierno ha podido serlo nunca.

Nada de esto sería posible si no fuera por la actuación de la Reserva Federal, el gran prestamista del mundo. Esta institución es absolutamente crítica para la política fiscal de EE.UU. No hay forma de que la deuda nacional pueda aumentarse a un ritmo de 4.000 millones de dólares diarios sin esta institución.

Bajo un patrón oro, se acabaría todo este gasto maniático. Y si la deuda de EE.UU. tuviera un precio en el mercado con una prima de impago, estaríamos viendo una calificación muy inferior a A+.

Punto 7. El militarismo es un puntal del gasto público

¿Habéis advertido que el presupuesto militar nunca se discute seriamente en los debates políticos? Estados Unidos gasta más que la mayoría del resto del mundo combinado.

Pero si oímos hablar a nuestros líderes, Estados Unidos es solo una diminuta república comercial que quiere la paz, pero está constantemente bajo amenaza en el mundo. No harían creer que todos estamos desnudos y somos vulnerables. Todo es una horrible mentira. Estados Unidos en un imperio militar global y la principal amenaza para la paz hoy en el mundo.

Visualizar el gasto militar de EE.UU. en comparación con otros países es verdaderamente chocante. Un gráfico de barras que podéis encontrar fácilmente muestra el presupuesto militar de EE.UU. de más un billón de dólares como un rascacielos rodeado de diminutas cabañas. Respecto de siguiente mayor gastador, China gasta una décima parte respecto de Estados Unidos.

¿Dónde está el debate acerca de esta política? ¿Dónde está la discusión? No está. Simplemente, ambos partidos han asumido que es esencial para el modo de vida de EE.UU. que Estados Unidos sea el país más mortífero del planeta, amenazando a todos con la extinción nuclear si no obedecen. Esto debería considerarse por toda persona civilizada como una atrocidad fiscal y moral.

No son solo los servicios armados, las subcontratas militares o los escuadrones de la muerte de la CIA. Es también cómo la policía ha adoptado posturas de tipo militar a todos los niveles. Esto es aplicable a la policía local, la policía estatal e incluso a los vigilantes de los pasos de peatones en nuestras comunidades. La mentalidad del comisario, la alegría del matón con un gatillo se ha convertido en la norma en toda la sociedad.

Si queréis ver atrocidades, no es difícil. Tratad de entrar en este país desde Canadá o México. Ved cómo tipos con chalecos a prueba de balas, fuertemente armados y con botas llevando perros arriba y abajo entre las filas de vehículos, escogiendo a gente al azar, acosando a inocentes, haciendo preguntas rudas y entrometidas.

Tienes la fuerte impresión de estar entrando en un estado policial. Esa impresión sería correcta.

Pero para el hombre de la calle, la respuesta a todos los problemas sociales parece ser más cárceles, condenas más largas, más policía, más poder arbitrario, más medidas enérgicas, más pena capital, más autoridad. ¿Dónde acabará todo esto? ¿Y llegará el final antes de que nos demos cuenta de lo que ha ocurrido a nuestro país antes libre?

PUNTO 8. EL GASTO MILITAR TIENE OBJETIVOS IMPERIALISTAS

Ronald Reagan solía decir que su aumento militar era esencial para mantener la paz. La historia de la política exterior de

EE.UU. desde la década de 1980 ha demostrado que esto es un error. Hemos tenido una guerra tras otra, guerras lanzadas por Estados Unidos contra países no colaboradores y creación de aún más estados clientelares y colonias.

La fortaleza militar de EE.UU. no ha llevado a la paz, sino todo lo contrario. Ha hecho que la mayoría de la gente en el mundo considere a Estados Unidos como una amenaza y ha llevado a excesivas guerras en muchos países. Las guerras de agresión se definieron en Nuremberg como crímenes contra la humanidad.

Se suponía que Obama acabaría con esto. Nunca prometió hacerlo, pero todos sus defensores creían que lo haría. Sin embargo, ha hecho todo lo contrario. Ha aumentado los niveles de tropas, afianzado guerras y empezado otras nuevas. En realidad, ha presidido un estado belicista igual de malo que cualquiera en la historia. La diferencia esta vez es que la izquierda ya no critica el papel de EE.UU. en el mundo. En ese sentido, Obama es lo mejor que la haya ocurrido nunca a los belicistas y el complejo militar-industrial.

Respecto de la derecha en este país, hubo un tiempo en que se oponía a este tipo de fascismo militar. Pero todo cambió tras el inicio de la Guerra Fría. La derecha sufrió un terrible cambio ideológico, bien documentado en la olvidada obra maestra de Murray Rothbard, *The Betrayal of the American Right*. Bajo la disculpa de detener al comunismo, la derecha pasó a secundar el apoyo del ex- agente de la CIA, Bill Buckley, a una burocracia totalitaria en el interior para hacer la guerra en todo el mundo.

Al final de la Guerra Fría, hubo un breve retorno cuando la derecha de este país recordó sus raíces en el no intervencionismo. Pero no duró mucho. George Bush I reavivó el espíritu militarista con la primera guerra en Iraq y no ha habido ningún cuestionamiento fundamental del imperio estadounidense desde entonces. Incluso hoy, los republicanos obtienen sus mayores aplausos espoleando a las audiencias con amenazas exteriores, aunque nunca mencionando la amenaza real para el bienestar estadounidense que existe en Washington.

El futuro

No puedo pensar en una prioridad mayor que una alianza antifascista seria y efectiva. En cierto sentido, ya se está formando una. No es una alianza formal. Está compuesta por quienes protestan por la Fed, los que rechazan seguir con las políticas fascistas de la corriente principal, los que buscan la descentralización, los que reclaman impuestos más bajos y libre comercio, los que defienden el derecho a asociarse con quien quieran y comprar y vender en los términos que elijan, los que insisten en que pueden educar a sus hijos por sí mismos, los inversores y ahorradores que hacen posible el crecimiento económico, los que no quieren ser toqueteados en los aeropuertos y los que se han convertido en expatriados.

También incluye a los millones de empresarios independientes que están descubriendo que la amenaza número uno a su capacidad de servicio a otros a través del mercado es la institución que afirma ser nuestro mayor benefactor: el gobierno.

¿Cuánta gente entra en esta categoría? Más de la que sabemos. El movimiento es intelectual. Es político. Es cultural. Es tecnológico. Vienen de todas las clases, razas, países y profesiones. Ya no es un movimiento nacional. Es verdaderamente global.

Ya no podemos predecir si los miembros se consideran como de izquierdas, de derechas, independientes, libertarios, anarquistas u otra cosa. Incluye gente tan diversa como padres que educan en casa a sus hijos en los suburbios como a padres en áreas urbanas cuyos hijos están entre los 2,3 millones de personas que languidecen en la cárcel por ninguna buena razón en el país con la mayor población reclusa del mundo.

¿Y qué quiere este movimiento? Ni más ni menos que la dulce libertad. No pide que la libertad se conceda o dé. Solo pide la libertad que promete la propia vida y existiría si no fuera por el estado Leviatán que nos roba, nos fastidia, nos encarcela, nos mata.

Este movimiento no va a desaparecer. Estamos rodeados de evidencias diarias de que es legítimo y real. Cada día es más evidente que el estado no contribuye absolutamente nada a nuestro bienestar, sino que resta masivamente a este.

De vuelta a la década de 1930, e incluso durante la de 1980, los defensores del estado estaban rebosantes de ideas. Tenían teorías y programas que tenían muchos soportes intelectuales. Estaban ansiosos y entusiasmados con respecto al mundo que crearían. Acabarían con los ciclos económicos, traerían avances sociales, crearían clase media, curarían las enfermedades, proporcionarían seguridad universal y muchas más cosas. El fascismo creía en sí mismo.

Ya no es verdad. El fascismo no tiene nuevas ideas, ni grandes proyectos y ni siquiera sus propios partidarios creen realmente que pueda lograr que pretende. El mundo creado por el sector privado es más útil y bello que cualquier cosa que haya hecho el estado hasta el punto de que los propios fascistas se han desmoralizado y son conscientes de que su programa no tiene ningún fundamento intelectual real.

Cada vez es más conocido que estatismo no funciona ni puede funcionar. El estatismo es la gran mentira. El estatismo nos da exactamente lo contrario de lo que promete. Prometía seguridad, prosperidad y paz y nos ha dado temor, pobreza, guerra y muerte. Si queremos un futuro, será el que tenemos que construir nosotros mismos. El estado fascista no nos lo dará. Por el contrario, se interpone en el camino.

También me parece que ha pasado el antiguo romance de los liberales clásicos con la idea del estado limitado. Hoy es mucho más probable que los jóvenes adopten una idea que hace 50 años se consideraba impensable: la idea de que la sociedad está mejor sin ningún estado en absoluto.

Yo consideraría el auge de la teoría anarcocapitalista como el mayor cambio intelectual en mi vida de adulto. Ha desaparecido esa visión del estado como el vigilante nocturno que solo defendería derechos esenciales, resolvería disputas y protegería la libertad.

Esta opinión es deplorablemente ingenua. El vigilante nocturno es el tipo con las armas, el derecho legal a utilizar la agresión, el tipo que controla todas las entradas y salidas, el tipo que se posa en lo alto y ve todas las cosas. ¿Quién le vigila? ¿Quién está limitando su poder? Nadie y precisamente por esto es la verdadera fuente de los mayores males de la sociedad. Ninguna constitución, ni elecciones, ni contrato social controlarán su poder.

De hecho, el vigilante nocturno ha adquirido el poder total. Es él quien sería el estado total, al que Flynn describe como un gobierno que «posee el poder para aplicar cualquier ley o tomar cualquier medida que la parezca apropiada». Mientras un gobierno, dice, «esté investido con el poder de hacer cualquier cosa sin ninguna limitación en sus poderes, será totalitario. Tendrá el poder total».

Ya no es algo que podamos ignorar. El vigilante nocturno debe ser despedido y sus poderes distribuidos entre toda la población y debería gobernarse esta por las mismas fuerzas que nos proporcionan todas las bendiciones que nos permite el mundo material.

Al final, esta es la alternativa que afrontamos: el estado total o la libertad total. ¿Cuál elegiremos? Si elegimos el estado, continuaremos hundiéndonos más y más y acabaremos con todo lo que atesoramos como civilización. Si elegimos la libertad, podemos aprovechar el notable poder de la cooperación humana que nos permitirá continuar haciendo un mundo mejor.

En la lucha contra el fascismo, no hay razón para desesperar. Debemos continuar luchando con toda la confianza en que el futuro nos pertenece a nosotros y no a ellos.

Su mundo se está desmoronando. El nuestro se está construyendo.

Su mundo se basa en ideologías en bancarrota. El nuestro se asienta en la verdad acerca de la libertad y la realidad.

Su mundo solo puede mirar atrás hacia los días gloriosos. El nuestro mira hacia adelante, al futuro que nos estamos construyendo.

Su mundo se asiente sobre el cadáver del estado-nación. Nuestro mundo se basa en la energía y la creatividad de todos los pueblos del mundo, unidos en el gran y noble proyecto de crear una civilización próspera a través de la cooperación humana pacífica.

Es verdad que ellos tienen las armas más grandes. Pero las armas grandes no han garantizado una victoria permanente en Iraq o Afganistán (o en cualquier otro sitio del planeta).

Poseemos la única arma que es verdaderamente inmortal: la idea correcta.

Esto es lo que nos llevará a la victoria.

Como dijo Mises:

> A largo plazo, ni siquiera los gobiernos más despóticos con toda su brutalidad y crueldad pueden competir con las ideas. Al final, prevalecerá la ideología que se haya ganado el apoyo de la mayoría y haya frustrado sus planes. Entonces los muchos oprimidos se levantarán en rebelión y acabarán con sus amos.

Capítulo 3

MAQUIAVELO Y EL PODER DEL ESTADO*

Al ir adquiriendo el libertarismo un perfil superior en la vida estadounidense a lo largo de los últimos años, los ataques y caricaturas de los libertarios han crecido casi igual de rápido. Los libertarios, leemos, son antisociales y prefieren el aislamiento a la interacción con otros. Son avariciosos y no les conmueve que los pobres puedan pasar hambre. Son ingenuos acerca de nuestros peligrosos enemigos y rechazan sus obligaciones patrióticas de apoyar las guerras del gobierno.

Se puede poner fin a estas caricaturas y confusiones sencillamente definiendo qué es el libertarismo. La idea libertaria se basa en un principio moral esencial: la no agresión. Nadie puede iniciar fuerza física contra ningún otro.

No hay nada antisocial en eso. Por el contrario, es la negación de este principio lo que es antisocial, pues es la interacción pacífica la que se encuentra en el núcleo de la sociedad civilizada.

A primera vista, casi nadie puede oponerse al principio de no agresión. Pocas personas apoyan abiertamente acciones de agresión contra partes pacíficas. Pero los libertarios aplican este principio en todas partes, a todos los actores, públicos y priva-

---

*De un discurso realizado el 15 de septiembre de 2012 en un seminario patrocinado por el Departamento de Italiano de la Universidad de Columbia en asociación con el Instituto Mises.

dos. Nuestro punto de vista va mucho más allá de limitarse a sugerir que el estado no pueda llevar a cabo violaciones evidentes del derecho moral. Sostenemos que el estado no puede llevar a cabo ninguna acción que le esté prohibida al individuo. Las normas morales, o existen, o no existen.

Así que no podemos tolerar que el secuestro del estado solo porque lo llamen servicio militar. No podemos tolerar la encarcelación de personas que ingieren unas sustancias inapropiadas solo porque lo llamen guerra contra las drogas. No podemos tolerar el robo porque lo llamen impuestos. Y no podemos tolerar las matanzas masivas solo porque las llamen política exterior.

De un discurso realizado el 15 de septiembre de 2012 en un seminario patrocinado por el Departamento de Italiano de la Universidad de Columbia en asociación con el Instituto Mises.

Murray Rothbard, que se doctoró en esta misma institución (la Universidad de Columbia) en 1956 y llegaría a ser conocido como Mr. Libertario, decía que se podía descubrir la postura libertaria imaginando a una banda de delincuentes llevando a cabo la acción en cuestión.

En otras palabras, el libertarismo toma ciertas ideas morales y políticas compartidas por muchas personas y sencillamente las aplica de manera coherente.

Por ejemplo, la gente se opone al monopolio porque teme un aumento en los precios, una disminución en la calidad del producto y la centralización del poder que lo acompaña.

El libertario aplica esta preocupación por el monopolio al propio estado. Después de todo, las empresas privadas, a las que se supone que debemos temer, no pueden sencillamente cobrar lo que quieran por sus bienes y servicios. Los consumidores pueden sencillamente pasar de un proveedor a otro, o de un producto concreto a un sustitutivo cercano. Las empresas no pueden permitirse un deterioro de la calidad sin perder al mismo tiempo clientes, que pueden encontrar competidores ofreciendo productos mejores.

Pero, por definición, el estado puede cobrar a la gente lo que quiera por lo supuestos servicios que proporciona. Sus súbditos deben aceptar cualquier nivel de calidad que el estado se digne proveer. Y, por definición, nunca puede haber un competidor del estado, ya que es estado se define como el monopolista territorial de la compulsión y la coacción.

Con sus guerras, genocidios y atrocidades totalitarias, el estado se ha mostrado con mucho como la institución más letal de la historia. Sus delitos menores incluyen las crisis de deuda que ha causado, las burocracias autoperpetuantes que se alimentan de la población productiva y el desperdicio de recursos (que, en caso contrario, habrían mejorado el nivel general de vida mediante formación de capital) en proyectos arbitrarios y motivados políticamente.

Aun así, al estado, a pesar de sus defectos, se le da constantemente un beneficio de la duda que nadie extendería a actores y empresas en el sector privado. Por ejemplo, los resultados educativos siguen siendo lamentables a pesar del enorme aumento de los gastos y el menor tamaño de las clases bajas con respecto al pasado. Si el sector privado se hubiera enfrentado a este desastre, nunca habríamos oído hablar del fin de las denuncias de los malhechores con grandes riquezas que mantienen a nuestros hijos en la ignorancia. Cuando el sector público rinde tan malamente, se guarda silencio. Es decir, silencio que se interrumpe por reclamaciones de que el estado debería recibir más recursos.

Hace años, cuando John Chubb, de la Brookings Institution, intentó descubrir cuántos funcionarios estaban empleados en el sistema escolar público de la ciudad de Nueva York, necesitó seis llamadas telefónicas para llegar a alguien que supiera la respuesta… y esa persona no tenía autorización para dar la información. Le llevó otra media docena de llamadas encontrar a alguien que supiera la respuesta y pudiera revelarla. ¿La respuesta? Seis mil.

Chubb llamó después a la Archidiócesis de Nueva York para descubrir cuántas personas había empleadas en la administración de las escuelas católicas de la ciudad. Cuando la primera persona a la que llamó le dijo que no sabía la respuesta, se imaginó que iba a pasar lo mismo. Pero esa persona continuó diciendo: «Espere, déjeme contarlas». Eran veintiséis.

Imaginad si la situación hubiera sido la contraria y el sistema escolar hipertrofiado hubiera sido el privado. Las investigaciones, los reportajes en los medios, el enfado público, serían interminables. Pero, cuando el estado es el culpable, la historia no interesa en absoluto y nadie oye hablar de ella.

Igualmente, cuando los tribunales públicos obligan a partes inocentes a soportar interminables retrasos y gastos sin fin, no hay investigaciones ni reclamaciones de justicia. Cuando los ricos y famosos se ven evidentemente favorecidos por el sistema, la gente lo acepta con tristeza como cosas de la vida. Entretanto, las empresas de arbitraje privado florecen, ocupando silenciosamente el espacio que deja el pésimo sistema público y prácticamente nadie lo advierte ni le importa, ni mucho menos aprecia estas mejoras en nuestro bienestar.

El gobierno de EE.UU. ha llevado a cabo atrocidades de tipo inconcebible, solo en los últimos diez años, y las ha justificado con afirmaciones propagandísticas que nadie en el mundo ha tomado en serio, salvo el sector más crédulo de la población estadounidense. Si K-Mart hubiera hecho algo parecido, todos los implicados habrían sido condenados rotundamente y los perpetradores habrían sido encarcelados, si no ejecutados.

El gobierno, por otro lado, convence al pueblo de que este y el gobierno son lo mismo, de que las guerras del gobierno son sus guerras, de que estos conflictos nos implican un nosotros contra ellos. Las brújulas morales de la gente se difuminan a empezar a identificarse ellos mismos y su propia bondad personal, tal y como la vez, con las guerras en las que «su» gobierno se ve envuelto.

De hecho, para el libertario, las guerras de gobierno no son un nosotros contra ellos. Las guerras son un caso de ellos contra ellos.

La otra cara de la moneda austrolibertaria es, por supuesto, la Escuela Austriaca de economía.

La Escuela Austriaca de economía ha disfrutado de una especie de renacimiento desde el Pánico de 2008, pues muchos economistas que pertenecen a esta venerable tradición de pensamiento predijeron la crisis, frente a las garantías oficiales en contrario en los medios de comunicación, entre la clase política y desde la propia Reserva Federal. Gracias a Internet, a la opinión oficial le fue imposible bloquear estas voces disidentes.

La Escuela Austriaca, que nació oficialmente con el libro *Principios de economía política*, de Carl Menger, en 1871, se confunde a veces con otras escuelas de pensamiento vagamente asociadas con el mercado libre. Pero su método, su teoría de precios, su teoría del monopolio, su teoría del ciclo económico y muchas más cosas, la diferencian de esas otras escuelas de pensamiento y, a menudo, la colocan en oposición directa a ellas.

Es sólidamente realista y se basa en el actor individual y sus decisiones y preferencias. Busca entender los precios del mundo real, no los precios de equilibrio a largo plazo que nunca pueden existir, salvo en las mentes de los economistas.

Fueron los austriacos los que resolvieron problemas que habían molestado a los economistas clásicos, cuya teoría de precios no explicaba por qué el agua, tan necesaria para la vida, tenía un precio prácticamente nulo en el mercado, mientras que los diamantes, un mero artículo de lujo, eran tan caros.

Y fueron los austriacos los que predijeron la Gran Depresión en un momento en el que la opinión de moda afirmaba que el ciclo económico había sido erradicado para siempre; los que predijeron el crash de las punto com cuando el presidente de la Fed, Alan Greenspan, estaba diciendo que tal vez los auges ya no tenían que venir seguidos por declives y los que, como he mencionado, predijeron la crisis más reciente cuando los reguladores, en los que supuestamente debemos confiar para que mantengan estable la economía, decían que no había burbuja inmobiliaria y que los fundamentales del mercado eran sólidos.

Una caricatura habitual indica que los defensores del mercado libre creen que el mercado genera un resultado social perfecto, signifique esto lo que signifique. En un mundo de incertidumbre y cambio constante, ningún sistema puede generar un resultado perfecto. Ningún sistema puede garantizar que toda la estructura de producción se ajuste instantáneamente a la asignación precisa de bienes de capital que genere la matriz exacta de tipos y cantidades de bienes de consumo que desee el público al tiempo que imponga el mínimo coste en términos de oportunidades perdidas.

Se trata de que ningún sistema en competencia puede funcionar mejor que el mercado. Solo los participantes en el mercado pueden asignar recursos de una manera no arbitraria, porque solo en el mercado se puede evaluar un curso de acción de acuerdo con el principio economizador de las pérdidas y ganancias. Esto es lo que los austriacos llaman *cálculo económico*.

Esa era la razón, como explicaba Ludwig von Mises en 1920, por la que el socialismo no podía funcionar. Bajo el socialismo como se entendía tradicionalmente, el estado poseía los medios de producción. Pero si el estado ya posee todas esas cosas, no se produce ninguna compra y venta de ellas. A su vez, sin compras ni ventas no hay proceso por el que puedan aumentar los precios. Y sin precios para los bienes de capital, los planificadores centrales no pueden asignar los recursos racionalmente. No pueden saber si un proceso concreto de producción debería usar diez unidades de plástico y nueve unidades de madera o diez unidades de madera y nueve de plástico (si nos resultan indiferentes las opciones desde un punto de vista tecnológico). Sin precios de mercado con los que comparar bienes incomparables como la madera y el plástico, no pueden saber la importancia en la demanda de cada entrada en líneas alternativas de producción. Multipliquemos este problema por la serie casi infinita de combinaciones posibles de factores productivos y veremos la situación imposible a la que se enfrenta el consejo de planificación centralizada.

Incluso el estado no socialista tiene un problema de cálculo. Como funciona sin un mecanismo de retroalimentación de pérdidas y ganancias, no tiene forma de conocer si ha asignado recursos de acuerdo con las preferencias de consumo de la manera más económica. Por el contrario, sus decisiones con respecto a qué producir y dónde, en qué cantidades y con qué métodos son completamente ciegas desde el punto de vista de la economización social. (Con «economización social» me refiero a los procesos por los que alcanzamos los fines más valorados con los medios menos valorados).

Por tanto, si queremos garantizar que no se desperdician o se gastan arbitrariamente los recursos, debemos alejarlos de las manos del estado.

En términos estrictos, la Escuela Austriaca de economía no tiene nada que ver con el libertarismo. La economía, insistía el economista Ludwig von Mises, está libre de valores. Describe, más que prescribir. No nos dice lo que tendríamos que hacer. Sencillamente explica los diversos fenómenos que observamos, desde los precios a los tipos de interés y suministra el análisis de causa y efecto que nos permite entender las consecuencias de la interferencia coactiva en las decisiones voluntarias de compra y venta de las personas.

Sin embargo, el conocimiento que la Escuela Austriaca nos imparte implica claramente que ciertos cursos de acción son más deseables desde el punto de vista del bienestar que otros. Entre otras cosas, aprendemos de la economía austriaca que las decisiones de asignación del estado no pueden ser socialmente economizadoras. Aprendemos que los deseos de los consumidores se atienden mejor en un sistema de precios libres, que dirige las decisiones de producción a lo largo de la estructura de capital de acuerdo con las demandas de la sociedad. Y aprendemos que la interferencia del estado con el dinero, la mercancía que constituye la mitad de todo intercambio que no sea trueque, da lugar a la devastación del ciclo económico de auge y declive.

Así que el austrolibertarismo, siguiendo la inspiración de Rothbard, toma el principio libertario de la no agresión y lo complementa con las descripciones de la Escuela Austriaca de la economía de mercado libre y no intervenida. El resultado es una forma elegante y convincente de entender el mundo, que a su vez conlleva la reclamación moral y material de crear una sociedad libre.

Pero el seminario hoy nos pide que debamos considerar cuestiones de poder y estado desde una perspectiva austro-libertaria, pero también desde la perspectiva de Maquiavelo, el teórico político y consejero de príncipes de finales del siglo XV y principios del XVI. La mayoría de la gente conoce a Maquiavelo por las opiniones expresadas en su breve manual *El príncipe* y un por sus obras más largas y tal vez más sustanciosas, incluyendo sus *Discursos sobre la primera década de Tito Livio* y su historia de Florencia. He tomado en buena parte, aunque no exclusivamente, de *El príncipe*, las ideas para mis breves comentarios de hoy.

Los moralistas romanos de la antigüedad y los humanistas del Renacimiento que los seguían habían reclamado a los gobernantes que tuvieran una serie concreta de virtudes morales. Eran, en primer lugar, las cuatro virtudes cardinales (cardinal proviene del latín «bisagra», así que todas las virtudes provienen de estas) de prudencia, justicia, fortaleza y templanza. Todos los hombres están llamados a cultivar estas virtudes, pero a los príncipes en particular se les reclaman otras además de estas, como la magnanimidad y la liberalidad principescas. Estos temas se desarrollan en *De officiis*, de Cicerón, y *Sobre la clemencia*, de Séneca.

Los humanistas se anticiparon a las tesis que Maquiavelo expondría en su día, que son que tendría que haber una división entre la moralidad por un lado y lo que resulta conveniente para el príncipe por otro. Respondían advirtiendo que incluso si la malevolencia del príncipe no era castigada en esta vida, el castigo divino en la otra sería terrible y seguro.

Lo que hace que Maquiavelo destaque tanto es su alejamiento radical de esta visión tradicional de las obligaciones morales del príncipe. Como señala el gran estudioso de Maquiavelo, Quentin Skinner: «Cuando acudimos a *El príncipe*, encontramos anulado este aspecto de la moralidad humanista de forma repentina y violenta».

El príncipe, dice Maquiavelo debe siempre «estar dispuesto a actuar inmoralmente cuando sea necesario». Y, «para mantener su poder», se verá obligado (no solo a veces, sino a menudo) a «actuar traicionera, despiadada e inhumanamente».

La mayoría de la gente nunca interactuará con el propio príncipe, de ahí que Maquiavelo señale a este que «todos pueden ver lo que pareces ser», pero

«pocos tienen la experiencia directa de cómo eres realmente». «Un impostor hábil», continuaba, «siempre encuentra mucha gente que consienta en ser engañada». Podemos deducir de esto el tipo de persona que tendría que ser el príncipe.

Es habitual en este punto señalar que Maquiavelo aconsejaba que el príncipe persiguiera la virtud cuando fuera posible y que no debería perseguir la maldad por sí misma. Es verdad que Maquiavelo presenta esa argumentación en el capítulo 15 de *El príncipe*. Pero, por otro lado, Maquiavelo dice que la conducta considerada virtuosa por la moralidad tradicional y el funcionamiento general de la humanidad solamente «parece virtuosa» y que el comportamiento aparentemente malvado que mantiene al príncipe en el poder solo parece malévolo.

Skinner plantea, y responde, la pregunta natural del historiador cuando se enfrenta a estas afirmaciones morales:

> ¿Pero qué pasa con la objeción cristiana de que esta es una postura absurda, al tiempo que malvada, a adoptar, ya que olvida el día del juicio en el que todas las injusticias acabarán siendo castigadas? Sobre esto, Maquiavelo no dice nada en absoluto. Su silencio es elocuente, realmente hizo época: resonó por toda la Europa cristiana, al principio generando un silencio sorprendido en respuesta y luego un aullido de execración que nunca ha llegado a desaparecer.

La opinión de Maquiavelo se ha resumido a veces como «el fin justifica los medios». Ese destilado no comprende todos los aspectos del pensamiento de Maquiavelo y sin duda este conciso resumen irrita a los profesores de teoría política. Pero si el fin considerado es la conservación del poder del príncipe, entonces «el fin justifica los medios» no es una descripción injustificada del consejo de Maquiavelo.

A su vez, es a este principio al que apela ahora el estado colectivista para justificar sus propios desvíos de lo que la gente consideraría en otro caso como moral y bueno. F.A. Hayek escribía: «El principio de que el fin justifica los medios se considera en la ética individualista como la negación de toda moral. En la ética colectivista se convierte necesariamente en la norma suprema: no hay literalmente nada que el colectivista coherente no deba estar dispuesto a hacer si sirve para "el bien de la colectividad", porque "el bien de la colectividad" es para él el único criterio de lo que tendría que hacerse». La ética colectivista, añadía, «no conoce otro límite que el establecido por la conveniencia: lo apropiado del acto concreto para el fin previsto».

Hoy casi todos aceptan, al menos implícitamente, la afirmación de que al estado se le aplica un grupo distinto de reglas morales o que en un grado u otro el estado está por encima de la moralidad, tal y como se entendía tradicionalmente. Aunque no se usen algunas de las formulaciones verbales de Maquiavelo, hasta cierto punto creen que no es razonable esperar que el estado o sus funcionarios se comporten de la misma manera que el resto de nosotros. El estado puede preservarse por métodos que ninguna empresa privada o familia u organización o persona tendrían permitido emplear para su propia preservación. Aceptamos esto como normal.

Esta no es sino una exposición más general del fenómeno que acabo de describir, por el que pocas personas mueven un pelo cuando el estado lleva a cabo un comportamiento que sería considerado una abominación moral si lo llevara a cabo cualquier otra persona o entidad.

Aquí se objetará que el aparato coactivo del estado es tan importante para la ordenación correcta de la sociedad que no podemos insistir demasiado en la pureza libertaria a la hora de evaluar su comportamiento. A veces el estado sencillamente tiene que hacer lo que tiene que hacer.

Todo supuesto servicio que proporciona el estado se ha proporcionado en el pasado sin coacción. Sencillamente nos animan a aprender esta historia y el marco que adoptamos inconscientemente desde nuestros días en la escuela hace a nuestras imaginaciones demasiado estrechas para concebirlo.

Maquiavelo inició una revolución a favor del estado. La nuestra es la revolución contra él y a favor de la paz, la libertad y la prosperidad.

Capítulo 4

HACIA EL NACIONALSOCIALISMO*

Era habitual en la izquierda sugerir que George W. Bush era como Hitler, un comentario que ponía frenética a *National Review*, pero que no considero del todo absurdo. El principal método de gobierno de Bush era crear miedo hacia los enemigos extranjeros e instigar una especie de histeria nacionalista acerca de la necesidad de guerrear y renunciar a la libertad en nombre de la seguridad.

Hitler es en este caso el paralelismo más famoso, pero no el único. Muchos estadistas en la historia mundial han usado las mismas tácticas, desde los tiempos antiguos. Maquiavelo escribía en su *Arte de la guerra* este consejo para el gobernante:

Saber reconocer una oportunidad en la guerra y aprovecharla, te beneficia a ti más que a nadie.

¿Pero qué sentido tiene estudiar el ascenso al poder de Hitler si no es aprender de la historia y aplicar sus lecciones? Una lección es tener cuidado de los líderes que llegan al poder en tiempos turbulentos y luego usan las amenazas exteriores y las crisis económicas para aumentar dicho poder. Salvo que podamos obtener lecciones para nuestro tiempo, la historia no es nada más que una serie de datos secos sin mayor relevancia.

---

* 10 de julio de 2009.

Indudablemente Bush usó el 11-S para consolidar su poder y los intelectuales neoconservadores que le rodeaban adoptaron un profundo cinismo con respecto a la manipulación de la opinión pública. Su estilo de gobierno consideraba útil el mito público, que consideraban esencial para un gobierno sabio. El principal mito que promovieron era que Bush era el filósofo-rey cristiano que encabezaba una nueva cruzada contra el extremismo islámico. Los más tontos se lo creyeron y esto sirvió como una especie de infraestructura ideológica en su mandato como presidente.

Luego esto se vino abajo cuando la economía se fue al garete y fue incapaz de mantener la idea absurda de que nos protegía de alguien. El resultado fue una desgracia y el empoderamiento de la izquierda política y su ética socialista.

Decir que Hitler estaba en la casa Blanca se acabó inmediatamente, como si la analogía se extendiera solo cuando la ideología nacionalista está a la orden del día. Lo que la gente no recuerda es que el hitlerismo fue mucho más que militarismo, nacionalismo y consolidación de la política de identidad. También abarcaba un cambio sustancial en la política interior alemana que la alejaba de la libre empresa, o de lo que quedaba de esta bajo el régimen de Weimar, y la dirigía hacia la planificación económica colectivista.

El nazismo no era solo nacionalismo desbocado. Era también socialismo de una variedad concreta.

Acudamos ahora a *The Vampire Economy*, de Günter Reimann (1939). Empieza su relato con el decreto de 1933 por el que toda la propiedad debe someterse a la voluntad colectiva. Empiezan con auditorías al azar y nuevas regulaciones contables masivas:

> Los fabricantes de manufacturas en Alemania entraron en pánico cuando oyeron acerca de las experiencias de otros industriales que habían sido más o menos expropiados por el estado. Estos industriales eran visitados por los auditores estatales que tenían órdenes estrictas de «examinar» los balances y todas las entradas contables de la empresa (o empresario

individual) de los últimos dos, tres o más años hasta encontrar alguna partida errónea o falsa. El más mínimo error formal era castigado con multas enormes. Se imponían sanciones de millones de marcos por un solo error contable. Evidentemente, el examen de las cuentas era sencillamente un pretexto para una expropiación y apropiación parciales del capitalista privado con vistas a una posterior expropiación y apropiación completas de la propiedad deseada. El dueño de la propiedad estaba indefenso, ya que, bajo el fascismo, ya no hay un poder judicial independiente que proteja los derechos de propiedad de los ciudadanos privados frente al estado. El estado autoritario ha hecho que ya no sea sagrada la propiedad privada por principio.

Las normas empiezan a cambiar lentamente, de modo que la empresa ya no puede tomar decisiones en busca de rentabilidad. Los bancos se nacionalizan. Los jefes de las grandes empresas cambian. La contratación y el despido se politizan enormemente. Los tribunales no sentencian en justicia, sino por prioridades políticas. Ya no se trata de obedecer sencillamente las leyes. La voluntad nacional debe imponerse a las consideraciones económicas:

> El capitalista bajo el fascismo ya no se limita a ser un ciudadano que cumple las leyes, sino que debe ser servil ante los representantes del estado. No debe insistir en sus «derechos» y no debe comportarse como si sus derechos de propiedad privada siguieran siendo sagrados. Debería agradecer al Führer seguir teniendo propiedad privada. Este estado de cosas debió llevar al desplome final de la moral empresarial y a anunciar el fin del respeto y la confianza en uno mismo que caracterizaban al empresario independiente bajo el capitalismo liberal.

Luego vinieron los controles de precios, aplicados intermitentemente, y con ellos creció una gran economía gris, con los empresarios dedicando más tiempo a cumplir con las normas que a producir riqueza.

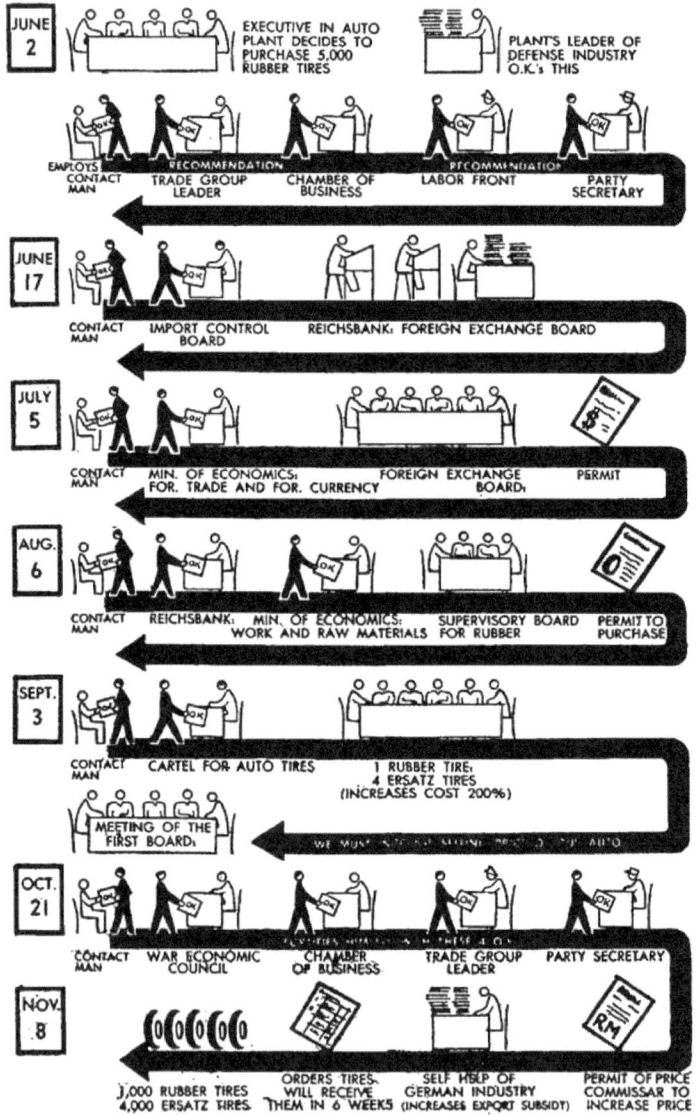

Para aumentar sus precios un intermediario debía tener un permiso especial del Comisario de Precios. Una solicitud de aumento de precio debía estar inicialmente certificada por el líder del grupo y debía estar acompañada por un informe detallado de necesidad y otros datos pertinentes, como los costes de producción y distribución.

Las órdenes estatales de producción fueron lo siguiente. Los bienes tenían que producirse de acuerdo con los objetivos políticos.

Respaldados por la Junta General del ejército, los funcionarios nazis fueron capaces de iniciar planes que obligaban a los líderes más poderosos de los negocios y las finanzas a asumir proyectos que consideran al tiempo arriesgados y no rentables.

A los banqueros se les conmina a actuar como miembros del estado.

Bajo el fascismo, los grandes banqueros, antes independientes (salvo, por supuesto, los «no arios») se convirtieron en agentes del estado en todo, salvo en el nombre. Estaban a menudo en puestos altos e influyentes, pero eran todos miembros de la compacta maquinaria centralizada del estado. Su independencia, su iniciativa individual, su postura de libre competencia, todos los principios por los que habían luchado fervientemente, habían desaparecido.

Si creéis que los paralelismos se acabaron después de que Bush abandonara el poder, considerad este fragmento de Reimann:

El estado totalitario invirtió la relación anterior entre el estado y los bancos. Hasta entonces, su influencia política aumentaba cuando el estado necesitaba ayuda financiera. Ahora era precisamente lo contrario. Cuando mayores se hacían las demandas financieras del estado, más estrictas eran las medidas que tomaba el estado para obligar a estas instituciones a invertir sus fondos como quería el estado.

Una vez los bancos se vieron forzados a estar completamente bajo el control del gobierno, se convirtieron en los medios por los que toda la propiedad quedaba sometida al estado:

> El estado totalitario no tendrá un tesoro vacío mientras las empresas privadas o las personas sigan teniendo suficiente efectivo o activos líquidos. Pues el estado tiene poder para resolver sus dificultades financieras a su costa. Los mismos bancos privados, las instituciones financieras que previamente dictaban las condiciones bajo las que estaban dispuestas a prestar dinero, habían construido el sistema de absorción de fondos líquidos. Este sistema financiero lo usa hoy el estado totalitario para sus propios fines.

Lo mismo pasaba con la bolsa, que se consideraba como un activo nacional. La especulación estaba prohibida. Las empresas cotizadas estaban completamente sometidas a las normas burocráticas. Las órdenes remplazaron a la antigua espontaneidad, mientras que la especulación al viejo estilo se convirtió en una actividad completamente clandestina. A las empresas más grandes no les importaba en absoluto cómo discurrían las cosas.

> La desaparición de las empresas pequeñas dio lugar a una tendencia entre los pequeños inversores a no arriesgar su capital en nuevas empresas competitivas. Cuanto más crecían las grandes empresas y cuanto más de cerca se relacionaban con la burocracia estatal, menos posibilidades había para la aparición de nuevos competidores.

También pasaba lo mismo con las aseguradoras, que se veían obligadas a comprar títulos públicos.

La tendencia hacia una mayor regulación no llevó al socialismo como tal, sino a la planificación fascista.

> El estado fascista no se limitaba a conceder al empresario privado el derecho a producir para el mercado, sino que insistía en la producción como un deber que debía cumplirse aunque

no hubiera beneficio. El empresario no podía cerrar su fábrica o tienda porque no fueran rentables. Hacer esto requería un permiso especial emitido por las autoridades.

La demanda nacional de «estímulo» remplazaba totalmente la toma privada de decisiones, ya que se obligaba a los empresarios a producir y evitar cualquier recesión económica que pudiera molestar al estado.

El gobierno nazi había amenazado expresamente al empresario privado con una mayor coacción estatal y una reducción de los derechos y libertades personales si no cumplía adecuadamente el «deber de producir» de acuerdo con lo demandado por el estado.

Pero el estímulo no podía funcionar y no funcionaría, sin que importara el empeño que pusieran los oficiales del partido, porque se habían eliminado las mismas instituciones de la propiedad privada y la competencia y todas las fuerzas del mercado.

El régimen totalitario había aniquilado la fuerza conservadora más importante del capitalismo: la creencia en que la propiedad privada de todo ciudadano tendría que protegerse. El respeto por la propiedad privada ha penetrado en el espíritu de la gente en todos los países capitalistas. Es el baluarte más fuerte del capitalismo. El fascismo había conseguido destruir esta fuerza conservadora. (…) La gente seguía teniendo que trabajar por dinero y tenía que vivir de sus rentas monetarias. La posesión de capital seguía generando rentas. Pero esta renta estaba en buena parte a merced de los funcionarios del estado y de los oficiales del partido.

Reimann lo resume:

En la Alemania nazi no había espacio de actividad empresarial en la que no interfiriera el estado. De una forma más o menos detallada, prescribía cómo podía usar el empresario el capital que era supuestamente todavía de su propiedad. Y, debido a esto, el empresario alemán se había convertido en un fatalista: no creía que las nuevas normas funcionaran bien, pero sabía que no podía alterar las cosas. Se había convertido en una pieza de una maquinaria gigantesca que no podía dirigir.

El régimen también aumentó drásticamente la legislación social y médica, proporcionando pensiones vitalicias a amigos y reclutando a doctores al servicio de sus objetivos dietéticos y médicos.

Pero si algo de esto os suena familiar es porque los principios de la intervención son universales.

El régimen nazi no representó una maldad única en la historia, sino más bien una combinación, ahora convencional, de dos tendencias ideológicas peligrosas: el nacionalismo y el socialismo.

Conocemos ambos demasiado bien.

Capítulo 5

EL AMANECER DEL FASCISMO TARDÍO*

La degradación de la deuda de EE.UU. este verano no tuvo consecuencias económicas enormes, pero las psicológicas fueron verdaderamente devastadoras para las élites nacionales que han dirigido este país durante casi un siglo. Para un estado que se considera como infalible, fue un duro golpe el que las fuerzas del mercado asestaron contra el gobierno y es solo uno de los miles que han lanzado contra la élite en el poder en años recientes.

Otro ejemplo reciente fue el desvanecimiento de la muy pregonada ley de empleo de Obama. Impulsó duramente este proyecto durante un mes. Hizo un discurso nacional al estilo de FDR, que intentaba generar expectación pública. Prometió que, si el legislativo aprobaba su ley, la oferta y la demanda de trabajadores se aunarían mágicamente. ¡Solo necesitamos estar de acuerdo en gastar unos pocos miles de millones más!

Bueno, el bravucón del púlpito se ha convertido en el bravutonto del púlpito. Parece que casi nadie llegó siquiera a tomarse en serio el discurso como asunto político. Se criticó y trató como el teatro que era, pero la reacción universal sobre lo concreto fue de bajar los pulgares, incluso en su propio partido.

No, Obama no es FDR. Esto no es el New Deal. A la gente ya no se le intimida como antes. Las encuestas muestran una

---

* 5 de octubre de 2011.

enorme falta de un mínimo de confianza en el liderazgo político, cuyos fracasos nos rodean.

Cuanto más dure la depresión, más crecerá el espíritu rebelde y este no se limita a las manifestaciones en Wall Street. La pobreza está creciendo, las rentas están cayendo, los negocios se ven exprimidos a cada momento y el desempleo está atascado en niveles intolerablemente altos. La gente está enfadada como nunca y ningún partido político se acerca a ofrecer respuestas.

El estado como lo hemos conocido (y eso incluye sus partidos políticos y sus burocracias redistributivas, militares, regulatorias y creadoras de dinero) sencillamente no puede poner las cosas en orden. Es tan verdad hoy como lo ha sido durante unos 20 años: el estado nación está en un declive precipitado. En un tiempo imbuido de grandeza y majestad, personificado por sus poderes de superhombre para alcanzar proezas globales, ahora está roto y sin ideas.

No lo parece porque el estado está más provocador que nunca en la historia estadounidense. Vemos al estado en el aeropuerto con las incompetentes formas de acoso de la TSA. Lo vemos en el ridículo dinosaurio que es correos, pidiendo siempre más dinero para continuar haciendo las cosas como las hacía en 1950. Lo vemos en los policías federalizados en nuestros pueblos, en un tiempo vistos como servidores públicos para ahora revelarse como lo que siempre han sido: recaudadores de impuestos armados, censores, espías, matones.

Son señales de decadencia. Ha caído la máscara del estado. Y ha caído durante tanto tiempo que apenas podemos recordar cómo era cuando estaba puesta.

Así que demos un rápido paseo. Si vivimos en una gran ciudad metropolitana, vayamos en automóvil a la oficina de correos del centro, si sigue en pie. Allí encontraremos una notable obra arquitectónica, alta y majestuosa y llena de grandeza. Hay un empleo generoso de columnas de estilo romano. Los techos del interior son extremadamente altos y bellos. Podría ser el edificio más grande e impresionante de los alrededores.

Es un edificio de una institución que creía en sí misma. Después de todo, esta era la institución que llevaba el correo, que era la única forma que tenía la gente para comunicarse entre sí cuando la mayoría de estos lugares se erigieron por primera vez. El estado estaba muy orgulloso de ofrecer este servicio, que se sostenía que era mejor que cualquier cosa que pudiera ofrecer el mercado (a pesar de que iniciativas del mercado como el Pony Express tuvieron que prohibirse). Los carteros eran legendarios (o eso se nos dice) por su voluntad de desafiar a los elementos para traernos lo esencial que necesitábamos en la vida, aparte de comida, ropa y alojamiento.

¿Y hoy? Veamos lo que llamamos la oficina de correos. Es un completo desastre, una broma nacional, un parásito de unos tiempos que pasaron hace tiempo. Llevan correo basura físico a nuestros buzones y unas pocas cosas valiosas de vez en cuando, pero la única vez que aparecen en las noticias es cuando oímos otro reportaje sobre su bancarrota y la necesidad de un rescate.

Pasa lo mismo con todos los grandes monumentos del estatismo pasado. Pensemos en la Presa Hoover, el Monte Rushmore, los inacabables proyectos del New Deal, el sistema de autopistas interestatales de Eisenhower, el viaje a la Luna, los grandes monumentos que el estado se ha erigido a sí mismo de costa a costa. Como he explicado en otro lugar, todos se produjeron en una era en la que la única alternativa real al socialismo se consideraba que era el fascismo. Fue una era en la que la libertad (en su sentido antiguo) sencillamente no se tenía en cuenta.

El estado opera por la fuerza y solo por la fuerza en todo tiempo y lugar. Pero el estilo de gobierno cambia. El estilo fascista destacaba la inspiración, la magnificencia, el progreso industrial, la grandeza, todo encabezado por un líder valiente que tomaba sabias decisiones respecto de todo. Este estilo de gobierno estadounidense duró desde el New Deal hasta el final de la Guerra Fría.

Pero todo este sistema de inspiración está casi muerto. En la tradición comunista de nombrar las etapas de la historia, podemos llamar a esto el fascismo tardío. El sistema fascista al final no puede funcionar porque, a pesar de lo que diga, el estado no tiene medios para alcanzar lo que promete. No posee la capacidad de superar a los mercados privados en tecnología, de servir a la población de la forma en que pueden hacerlo los mercados, de hacer las cosas más abundantes o baratas o incluso de proveer servicios básicos de una forma que sea eficiente económicamente.

El fascismo, como el socialismo, no puede alcanzar sus fines. La grandeza pasa y todo lo que queda es una pistola apuntando a nuestras cabezas. El sistema se creó para ser grande, pero se reduce en nuestro tiempo a ser burdo. El valor es ahora violencia. La majestad es ahora malicia.

Consideremos si hay ahora mismo en el poder algún líder político nacional cuya muerte genere en algún lugar el mismo nivel de duelo que la de Steve Jobs. La gente sabe de corazón quién le sirve, y no es el tipo con botas militares, un arma en su cinturón y una insignia federal. El tiempo en que veíamos a este hombre como un servidor público hace tiempo que pasó. Y esta realidad no hace más que acelerar la inevitable muerte del estado tal y como lo reinventó el siglo XX.

Capítulo 6

EL ESTADO CORPORATIVO DE EE.UU.*

No llevó mucho tiempo a los opositores del mercado lanzarse sobre los acontecimientos de 2008. Se dijo que el crash demostraba lo destructivo que podía ser el «capitalismo desregulado» y lo dañinos que eran sus defensores: después de todo, los librecambistas se oponían a los rescates, que supuestamente salvaron a los estadounidenses de otra Gran Depresión.

En *The Great Deformation*, David Stockman, ex-congresista de EE.UU. y director del presupuesto bajo Ronald Reagan, cuenta la historia de la crisis reciente y combate directamente la idea convencional que atribuye el rescate de los estadounidenses ante otra Gran Depresión al gobierno y a Ben Bernanke. En esto ha realizado una contribución seminal. Pero hace mucho más que esto. Ofrece un relato revisionista general de la historia económica de EE.UU. desde el New Deal hasta la actualidad. Refuta mitos ampliamente apoyados acerca de los años de Reagan y la desaparición de la Unión Soviética. Se ocupa del crecimiento y expansión del estado del bienestar. Demuestra con precisión cómo la Fed enriquece a los poderosos y los protege de los mercados libres. Demuestra la endeblez de la supuesta recuperación actual. Sobre todo, demuestra que los intentos de culpar al «capitalismo» de nuestros problemas económicos es

---

* 2 de marzo de 2013.

algo absurdo y revela un completo desconocimiento de cómo
se ha deformado la economía a lo largo de las últimas décadas.

The Great Deformation se ocupa de los argumentos habitua-
les a favor de los rescates que oímos en 2008 y constituyen la
idea convencional incluso hoy. El«efecto contagio» extendería
la crisis financiera por toda la economía, mucho más allá de
unas pocas empresas de Wall Street, se nos dijo. Sin rescate,
no se habrían pagado las nóminas. Los cajeros automáticos se
habrían apagado. Sabias decisiones políticas del Tesoro y la Fed
impidieron estos y otros escenarios de pesadilla y también una
segunda Gran Depresión.

El rescate de AIG, por ejemplo, se llevó a cabo ante un telón
de fondo de una completa histeria. AIG fue rescatada para proteger Main Street, se dijo al público, pero prácticamente ninguno
de los seguros de CDS impagados de AIG estaba en bancos de
Main Street. Incluso en Wall Street los efectos se limitaron a una
docena de empresas, teniendo cada una de ellas un amplio col-
chón para absorber las pérdidas. Gracias al rescate, no tuvieron
ni un dólar de pérdidas.

«El rescate», dice Stockman, «trataba de proteger las ganancias a corto plazo y los bonos anuales de ejecutivos y traders».

Diez años antes, la Fed había enviado una señal bastante clara
de su política futura cuando dispuso un rescate de un fondo de
inversión llamado Long Term Capital Management (LTCM).
Si *esta* empresa tenía que rescatarse, concluía Wall Street, no
había límite a cualquier locura que la Fed no respaldara con
dinero barato.

LTCM, dice Stockman, era «un indignante siniestro total
financiero que había llegado a niveles de apalancamiento de
100 a 1 para financiar gigantescas apuestas especulativas en
mercados de divisas, valores, bonos y derivados en todo el mundo. La completa imprudencia y escala de las especulaciones de
LTCM no tenía paralelo en la historia financiera estadounidense
(…) LTCM apestaba por todas partes y no tenía absolutamente
ningún derecho sobre autoridad pública, recursos o siquiera
simpatía».

Cuando el S&P aumentó un 50% por encima de los siguientes quince meses, no fue una señal de que las empresas estadounidenses vieran sus perspectivas de beneficio aumentar en la mitad. Por el contrario, indicaba una confianza de Wall Street en que la Fed impediría que los errores de inversión sufrieran el usual castigo del mercado libre. Bajo este «sucedáneo de capitalismo», las medias de las bolsas reflejaban el «jugo monetario esperado del banco central, no un crecimiento anticipado de beneficios de las empresas en un mercado libre».

No fueron solo empresas concretas las que disfrutaron de la generosidad de la Fed bajo los presidentes Alan Greenspan y Ben Bernanke: fue toda la bolsa. Según Stockman, la política de la Fed pasó a centrarse en el «efecto riqueza»: si la Fed impulsaba más al alza los precios de los valores, los estadounidenses se sentirían más ricos y sería más probable que gastaran y tomaran prestado más, estimulando así la actividad económica.

Esta aproximación política, a su vez, prácticamente obligaba a los rescates que llegarían algún día. Cualquier cosa que pudiera rebajar los precios de las acciones frustraría el efecto riqueza. Así que el sistema tenía que mantenerse alto por todos los medios posibles.

¿Qué tiene que demostrar esta política? Stockman da la respuesta:

> Si los planificadores monetarios centrales han estado tratando de crear empleos mediante el método indirecto de los «efectos riqueza», tendrían que estar profundamente abrumados por su incompetencia. Lo único que ha ocurrido en el frente de la creación de empleo durante la última década es una expansión masiva de la brigada de los trabajadores de la bacinilla y el diploma, es decir, empleo en enfermerías, hospitales, agencias de salud en el hogar y universidades con ánimo de lucro. De hecho, el complejo sanitario equivale a todos los empleos creados en Estados Unidos desde finales de la década de 1990.

Al tiempo, el número de trabajos de sustento no aumentó en absoluto entre enero de 2000 y enero de 2007, permaneciendo en 71,8 millones. Los auges de vivienda, bolsa y consumo familiar solo habían hecho que esta lamentable estadística hablara por sí misma. Cuando consideramos todo el periodo de doce años que empieza el año 2000, ha habido una ganancia neta de 18.000 empleos por mes, un octavo de la tasa de crecimiento en la fuerza laboral.

Tras el crash, la Fed ha continuado estimulando la bolsa. En septiembre de 2012, el S&P había aumentado un 115% desde sus mínimos durante el declive. De los 5,6 millones de trabajos de sustento perdidos durante la corrección, solo se habían recuperado 200.000 por aquel entonces. Y durante la tan cacareada recuperación, las familias estadounidenses gastaron 30.000 millones de dólares menos en alimentos y comida en el otoño de 2012 de lo que gastaron durante el mismo periodo de 2007.

La repentina aparición de enormes déficits presupuestarios en años recientes, explica Stockman, simplemente pusieron de manifiesto lo que habían ocultado las condiciones de burbuja de los años de Bush. La falsa riqueza de los auges de vivienda y consumo rebajó temporalmente la cantidad de dinero gastada en programas de protección social y aumentó temporalmente la cantidad de ingresos fiscales recibidos por el gobierno. Al reducirse esta falsa prosperidad, empezó a aparecer el verdadero déficit, que simplemente se había suprimido con estos factores temporales.

Todo este tiempo, la Fed nos había asegurado que Estados Unidos estaba experimentando una verdadera prosperidad. «Inundando Wall Street con dinero barato», escribe Stockman, la Fed

> veía aumentar los índices bursátiles y declaraba estar contenta con los«efectos riqueza» resultantes. Convirtiendo los hogares de la nación en cajeros automáticos dispensadores de deuda, era testigo de un auge en el consumo familiar y se maravillaba de que los datos macroeconómicos «entrantes»

fueran mejores que los esperados. Que estas deformaciones se confundieran con prosperidad y crecimiento económico sostenido atestigua la continua locura de las doctrinas ahora de moda en el Edificio Eccles.

Stockman también explica la condición fiscal del gobierno de EE.UU. Parte de esa historia le lleva al rearme militar de Reagan. Stockman no sigue la explicación que se oía en las convenciones republicanas de la década de 1980. La verdadera historia es la que se sospechaba: un frenesí alimenticio de programas arbitrarios e irrelevantes que, una vez iniciados, solo podían detenerse con grandes dificultades, si es que era posible, dados los empleos que dependían de ellos.

Pero al menos este rearme produjo el colapso de la Unión Soviética, ¿no? Stockman no se lo cree. «Los 3,5 billones de dólares gastando en defensa (en 2005) durante el mandato de Gipper no hicieron que el Kremlin mostraran la bandera blanca de rendición. Prácticamente no se gastó nada en programas que amenazaran la seguridad soviética o disminuyeran su disuasión nuclear estratégica».

> En el centro del rearme defensivo de Reagan (…) había una gran doblez. Los tambores de guerra hacían sonar una amenaza nuclear estratégica que prácticamente ponía en peligro la civilización estadounidense. Pero el dinero se dedicaba a tanques, material anfibio de desembarco, helicópteros de apoyo aéreo y una enorme armada convencional de barcos y aviones.
>
> Estas armas eran de poca utilidad en el equilibrio nuclear existente, pero eran muy apropiadas para misiones imperialistas de invasión y ocupación. Por tanto, paradójicamente, el rearme defensivo de Reagan estaba justificado por un Imperio del Mal que estaba desvaneciéndose rápidamente, pero que acabó usándose para lanzar guerras electorales contra un Eje del Mal que ni siquiera existía.

Lo que realmente echó abajo a la Unión Soviética fue su propia dirección de la economía, un punto que, señala Stockman, los economistas libertarios han señalado durante mucho tiempo. Los neoconservadores, por otro lado, hacían afirmaciones ridículas acerca de las capacidades soviéticas y la economía soviética en un momento que su decrepitud debería haber sido evidente para todos. Estas afirmaciones disparatadas acerca de los enemigos del régimen continuaron siendo una práctica normal de los neocones mucho después de que pasaran los años de Reagan.

Para hacerle justicia, *The Great Deformation* requiere en realidad dos o tres revisiones. Una podría dedicarse solo al sorprendente análisis de Stockman del New Deal. Stockman plantea y luego defiende estos y otros argumentos: el sistema bancario se había estabilizado mucho antes de la mala idea de las «vacaciones bancarias» de FDR; la economía ya había invertido el rumbo antes del acceso de FDR y empeoró de nuevo como consecuencia de la conducta de FDR en el interregno; el New Deal no fue un programa coherente de estímulo keynesiano, así que no tiene sentido que los keynesianos saquen lecciones de él; la «depresión dentro de la Depresión» de 1937 no la causó un recorte fiscal y el legado principal de FDR no es la recuperación económica, que se hubiera producido más rápidamente sin él, sino más bien el impulso que dio al capitalismo de compinches en un sector de la economía tras otro.

Podéis haber deducido que *The Great Deformation* debe ser un libro largo. Lo es. Pero su tema es tan interesante y su estilo en prosa tan vivo y atractivo que apenas notaréis que pasa el tiempo.

El punto de mira del libro de Stockman se dirige contra casi todos en el *establishment* político y mediático. Los moldeadores de opinión de la izquierda liberal (que quieren que creamos que son los defensores del hombre común) apoyaron los rescates con cifras abrumadoras. Entretanto, Herman Cain daba lecciones a los «puristas del libre mercado» por oponerse al TARP y prácticamente toda la lista de candidatos del Partido Republicano lo habían apoyado en 2012. Ambos bandos, en conjunción con los medios oficiales, repitieron las mismas historias de miedo del régimen sin reparos. Y ambos bandos no podían pensar sino en cosas buenas que decir acerca de cómo había gestionado la Fed la economía en el último cuarto de siglo.

El mercado libre queda exonerado de las acusaciones lanzadas por el estado y sus aliados.

Gracias a *The Great Deformation*, no queda en pie ni una brizna de la propaganda del régimen. Este es verdaderamente el libro que estábamos esperando y tenemos una gran deuda con David Stockman.

EL CAPITALISMO Y SUS HÉROES

Capítulo 7

EL MUNDO DE SALAMANCA*

El tema del periodo medieval destaca lo muy distanciada que se encuentra la opinión intelectual de la opinión popular. Resulta muy frustrante para los estudiosos que han estado trabajando por cambiar la opinión popular durante cien años. Para la mayoría de la gente, el periodo medieval trae a la mente poblaciones viviendo de mitos y supersticiones absurdas, como las que podemos ver en los gags de los Monty Python. Sin embargo, la opinión de los estudiosos es muy distinta. La época que va del siglo VIII al XVI fue una época de grandes avances en todas las áreas del conocimiento, como arquitectura, música, biología, matemáticas, astronomía, industria y (sí) economía.

Podría pensarse que bastaría con ver la Catedral de Santa María de Burgos, iniciada en 1221 y completada nueve años después, para saber que hay algo muy equivocado en la opinión popular.

La opinión popular se debe a la idea convencional entre los no especialistas de remontar los orígenes del pensamiento favorable al mercado a Adam Smith (1723-1790). La tendencia a ver a Smith como el origen de la economía se refuerza entre los estadounidenses, porque su famoso libro *Una investigación sobre la naturaleza y causas de la riqueza de las naciones* se publicó en el año en que Estados Unidos se independizó de Gran Bretaña.

---

* 27 de octubre de 2009.

Esta opinión deja fuera una gran cantidad de historia intelectual. Los fundadores reales de la ciencia de la economía en
realidad escribieron cientos de años antes de Smith. No eran
economistas como tales, sino teólogos morales, formados en la
tradición de Santo Tomás de Aquino y se los conoce como los
escolásticos tardíos. Estos hombres, que en su mayoría enseña-
ban en España, eran al menos tan favorables al mercado como
la muy posterior tradición escocesa. Además, sus bases teóricas
eran incluso más sólidas: anticiparon las teorías del valor y el
precio de los «marginalistas» de la Austria del siglo XIX.

El investigador que redescubrió a los escolásticos tardíos
fue Raymond de Roover (1904-1972). Durante años sufrieron
burlas e indiferencia e incluso se los llamó pre-socialistas en
su pensamiento. Karl Marx era el «último de los escolásticos»,
escribía R. H. Tawney. Pero de Roover demostró que casi toda
la sabiduría convencional era errónea (*Business, Banking, and
Economic Thought*, editado por Julius Kirchner [Chicago: University of Chicago Press, 1974]).

Joseph Schumpeter dio un enorme impulso a los escolásticos
tardíos con su libro póstumo de 1954, *Historia del análisis económico* (Nueva York, Oxford University Press). «Fueron ellos»,
escribía, «los que se acercaron más que cualquier otro grupo a
ser los "fundadores" de la economía científica».

Aproximadamente al mismo tiempo aparecía un libro de
lecturas reunidas por Marjorie Grice-Hutchinson (*The School of
Salamanca* [Oxford: Clarendon Press, 1952]). Más tarde apareció un trabajo interpretativo a escala completa (*Early Economic
Thought in Spain, 1177-1740* [Londres: Allen & Unwin, 1975]).

Actualmente, Alejandro Chafuen (*Christians for Freedom* [San
Francisco: Ignatius Press, 1986]) ligaba muy de cerca a los escolásticos tardíos con la Escuela Austriaca. En el tratado más
completo e importante hasta la fecha, *Una perspectiva austriaca
de la historia del pensamiento económico* (Londres: Edward Elgar,
1995), se presenta el ámbito extraordinariamente amplio del
pensamiento escolástico tardío. Rothbard ofrece una explicación
de la extendida mala interpretación de la Escuela de Salamanca,

junto con un marco que abarca la intersección entre economía y religión desde Santo Tomás hasta mediados del siglo XIX.

Lo que se deduce de esta creciente literatura es una conciencia de que el periodo medieval fue el periodo de fundación de la economía.

Hay que recordar las palabras iniciales de *La acción humana* del propio Mises. «La economía es la más joven de todas las ciencias», anuncia. «La ciencia económica abrió a la ciencia humana un campo antes inaccesible y ni siquiera imaginado».

¿Y en qué contribuía la economía? Mises explica que la economía descubría

«una regularidad en la secuencia e interdependencia de los fenómenos del mercado». Al hacerlo «Surgía (…) un conocimiento que no era ni lógica, ni matemática, ni tampoco psicología, física o biología»

Dejadme que haga una pausa con algunos comentarios sobre quienes rechazan directamente la economía como ciencia. Esta tendencia no se limita a la izquierda que adopta la fantasía llamada socialismo, ni a los ecologistas que piensan que la sociedad debe volver al estado de una tribu cazadora y recolectora. Pienso en concreto en un grupo a los que podríamos llamar conservadores. La gente que cree que todo lo que necesita saber acerca de la realidad y la verdad está contenido en los escritos de los filósofos antiguos, los padres de la Iglesia o alguna otra fuente puesta a prueba por el tiempo, mientras que cualquier cosa moderna (definida como cualquier cosa escrita en la última mitad del segundo milenio de la cristiandad) se ve generalmente con recelo.

Esta tendencia está extendida en la derecha estadounidense y se extiende a los straussianos, los comunitarios, los paleoconservadores y los conservadores religiosos. Hay ejemplos de todos. Para encontrar sabiduría económica, dejan de lado los últimos 500 años y vuelven una y otra vez a los escritos de los primeros santos, de Platón y de Aristóteles y a palabras sabias de muchos otros no modernos a los que reverencian.

Es verdad que en estos escritos se pueden descubrir grandes verdades. Sin embargo, sencillamente no se puede encontrar lógica económica rigurosa. Los escritos de este periodo tienden a mostrar un sesgo en contra del mercader, una mentira acerca de la igualdad de valor en un intercambio y una falta general de convicción en que existe una lógica persistente para entender la evolución del mercado.

Mises tenía razón: el desarrollo de la economía empezó mucho después y por razones evidentes. La aparición de las oportunidades económicas extendidas, la movilidad social dirigida por el estatus material, la drástica expansión de la división del trabajo a través de muchas fronteras y la creación de estructuras complejas de capital solo empezaron a producirse a finales de la Edad Media. Fue la aparición de las estructuras rudimentarias del capitalismo moderno lo que dio lugar a la curiosidad acerca de la ciencia económica. Por decirlo de modo sencillo, era a finales de la Edad Media cuando parecía ser algo digno de estudio.

Fue en este periodo en Europa cuando empezamos a ver algo que hasta entonces era inaudito: grandes porciones de la población empezaban a enriquecerse. La riqueza ya no se limitaba a reyes y príncipes. No estaba disponible solo para mercaderes y banqueros. Trabajadores y campesino también podían mejorar su nivel de vida, tomar decisiones acerca de dónde vivir y adquirir ropas y alimentos en su momento reservados a la nobleza. Además, las instituciones monetarias eran cada vez más complejas, con diversos tipos de cambio, presiones para permitir el pago y cobro de intereses y transacción complejas de inversión que aparecían en la vida cotidiana.

Era especialmente interesante ver la riqueza generada en servicios financieros. Gente que no hacía nada más que arbitrar tipos de cambio se estaba haciendo enormemente rica e influyente. Eran personas que, en palabras de Saravia de la Calle estaban «viajando de feria en feria y de lugar en lugar para colocar [su] banco y cajas y libros». Y, aun así, su riqueza no dejaba de crecer. Esto daría lugar a la pregunta científica de por qué estaba pasando esto. Y esto también dio lugar a las formas más generales de preguntas morales.

¿Cuál era exactamente el estatus del mercader en la moral teológica? ¿Cómo debían considerar la sociedad y la Iglesia esta forma de ganar dinero? Este tipo de preguntas reclamaban respuestas.

Entendamos ahora un poco más acerca de la mentalidad escolástica arraigada en la tradición de Santo Tomás. En la base de la visión tomista del mundo había una convicción de que toda la verdad se unificaba en un solo cuerpo de pensamiento y que esa verdad acababa señalando al Autor de toda la verdad. Mientras la ciencia buscara la verdad, la verdad que encontrara sería necesariamente reconciliable con otra verdad existente.

De esta manera, veían la idea de la verdad como algo que funcionaba de forma muy parecida a las matemáticas. Estaba integrada desde la forma más pequeña y fundamental a la más grande y compleja. Si había una contradicción o un fallo en enlazar una verdad superior con otra inferior, se sabía con seguridad que algo iba mal.

Así que el conocimiento no estaba parcelado y segmentado como hoy. Hoy los estudiantes van a clases de matemáticas, literatura, economía y arquitectura y no esperan encontrar relación entre las disciplinas. Estoy bastante seguro de que nunca se les ocurrirá intentarlo. El que el conocimiento no necesita integrarse es solo un aspecto aceptado del programa positivista.

Todos debemos mantenernos en un estado de escepticismo suspendido acerca de todo y se nos debe zarandear de cualquier manera por la última ocurrencia ideológica que parezca tener apoyo científico. La convicción de que la verdad pequeña está relacionada con la verdad grande se ha eliminado.

A veces se dice que la actitud de los escolásticos hacia la verdad los hacía escépticos con respecto a la investigación científica. Lo cierto es que era justamente lo contrario. Sus convicciones con respecto a la verdad integral les hacían completamente intrépidos. No había ningún aspecto de la vida que tuviera que escapar a una investigación y exploración intelectual seria.

No importaba lo que se descubriera: si era verdad, la investigación podía considerarse como parte de la misión más general de descubrir más acerca de la creación del mismo Dios. No podía haber ninguna dicotomía entre ciencia y religión, así que no cabían dudas a la hora de descubrir más de cada una o de ambas.

No es precisamente correcto decir que los pensadores escolásticos tardíos que descubrieron la economía estaban explorando un territorio teológico y tropezaron inadvertidamente con la economía. Tenían de hecho una curiosidad intensa con respecto a la lógica que gobernaba las relaciones entre decisiones y pueblo en el mercado y contemplaban este objeto sin sentir la necesidad de señalar constantemente la verdad teológica. La relación entre economía y teología se suponía que era parte de la propia empresa investigadora y por eso los escolásticos tardíos pudieron escribir con tanta precisión sobre asuntos económicos.

A medida que España, Portugal e Italia emergían como centros de comercio y empresa en los siglos XV y XVI, las universidades bajo el control de los tomistas tardíos engendraban un gran proyecto de investigación de los patrones regulares que gobernaban la vida económica. Me gustaría presentar a algunos de estos pensadores y su obra.

Francisco de Vitoria

El primero de los teólogos morales en investigar, escribir y enseñar en la Universidad de Salamanca fue Francisco de Vitoria (1485-1546). Bajo su guía, la universidad ofrecía unas extraordinarias 70 cátedras profesorales. Como ha pasado con otros grandes maestros en la historia, la mayoría de la obra publicada de Vitoria nos ha llegado en forma de apuntes tomados por sus alumnos.

En el trabajo de Vitoria sobre economía argumentaba que el precio justo es el precio al que se ha llegado de común acuerdo entre productores y consumidores. Es decir, cuando un precio se fija por la interacción de oferta y demanda, es un precio justo.

Lo mismo pasa con el comercio internacional. Los gobiernos no deberían interferir con los precios y relaciones establecidos entre comerciantes a través de fronteras. Las lecciones de Vitoria

sobre comercio entre españoles e indios (publicadas original-
mente en 1542 y de nuevo en 1917 por el Carnegie Endowment)
argumentaban que la intervención del gobierno en el comercio
violaba la Regla de Oro.

También contribuyó a liberalizar la norma contraria al cobro
y pago de intereses. Su explicación creó una gran confusión entre
los teólogos acerca de qué era exactamente usura y esta confusión fue favorable para los empresarios. Vitoria tuvo también
mucho cuidado de tener en cuenta oferta y demanda al analizar
el intercambio de dinero.

Aun así, la mayor contribución de Vitoria fue producir alumnos capaces y prolíficos. Estos pasaron a explorar casi todos los
aspectos, morales y teóricos, de la ciencia económica. Durante
un siglo, estos pensadores formaron una fuerza poderosa a favor
de la libre empresa y la lógica económica.

Consideraban el precio de los bienes y servicios como una
consecuencia de las acciones de los comerciantes. Los precios
varían dependiendo de las circunstancias y dependiendo del
valor que las personas dan a los bienes. Ese valor depende a
su vez de dos factores: la disponibilidad del bien y su uso. El
precio de bienes y servicios es el resultado del funcionamiento
de estas fuerzas. Los precios no están fijados por la naturaleza,
ni determinados por los costes de producción: los precios son
el resultado de la estimación común de los hombres.

Domingo de Soto

Domingo de Soto (1494-1560) era un sacerdote dominico que se
convirtió el profesor de filosofía en Salamanca. Ocupó puestos
importantes con el emperador, pero eligió la vida académica.
Hizo grandes avances en la teoría del interés, reclamando una
liberalización general.

Fue también el fundador de la teoría de la paridad de compra
del intercambio. Escribía lo siguiente:

Cuanto más abunda el dinero en Medina, más desfavorables
son los términos del intercambio y mayor es el precio que debe

pagar quienquiera que desee enviar dinero de España a Flandes. Cuanto más escasea el efectivo en Medina, menos debe pagarse en ese lugar, ya que hay más personas que necesitan el dinero en tal plaza que los que lo envían a Flandes.

Con estas palabras daba grandes pasos hacia la justificación del beneficio que proviene del arbitraje de moneda. Las valoraciones de las monedas no son una casualidad: reflejan ciertos hechos sobre el terreno y las decisiones de la gente a la vista de las escaseces reales.

Continúa:

> No se atenta contra la ley intercambiando dinero en un lugar por dinero en otro, teniendo en cuenta su escasez en un mercado y su abundancia en el otro, ni tampoco recibiendo una suma más pequeña en una plaza en la que el efectivo escasea a cambio de una mayor allí donde este abunda.

Martín de Azpilicueta Navarrus

Otro alumno fue Martín de Azpilicueta *Navarrus* (1493-1586), fraile dominico, el más importante jurista canónico de su tiempo y que acabó siendo asesor de tres papas sucesivos. Usando el razonamiento, Azpilicueta fue el primer pensador económico que dijo clara e inequívocamente que la fijación de precios por el gobierno es un error. Cuando abundan los bienes, no hay necesidad de fijar un precio máximo; cuando no es así, el control de precios hace más mal que bien.

En un manual sobre teología moral de 1556, *Navarrus* señalaba que no es pecado vender a un precio superior al oficial cuando es acordado por todas las partes. *Navarrus* fue también el primero en decir abiertamente que la cantidad de dinero es lo que más influye a la hora de determinar su poder adquisitivo.

«En igualdad de condiciones», escribía en su *Comentario sobre la usura*, «en los países en los que hay una gran escasez de dinero, todos los demás bienes vendibles, e incluso las manos y el trabajo de los hombres, se entregan por menos dinero que allí donde es abundante». Se le considera habitualmente como el primer pensador en observar que el alto coste de la vida está relacionado con la cantidad de dinero.

Para que una moneda establezca su precio correcto en términos de otras monedas, se intercambia con beneficio, una actividad que era polémica entre algunos teóricos por razones morales. Pero *Navarrus* argumentaba que intercambiar moneda no iba en contra de la ley natural. Este no era el propósito principal del dinero, pero «sin embargo es un uso secundario importante».

Hacía una analogía con otro bien del mercado. El propósito de los zapatos, decía, es proteger nuestros pies, pero eso no significa que no deban venderse obteniendo un beneficio. En su opinión, sería un error terrible cerrar los mercados de intercambio de moneda, como pedían algunos. El resultado «sería llevar al reino a la pobreza».

Diego de Covarrubias y Leyva

El alumno más importante de Azpilicueta fue Diego de Covarrubias y Leiva (1512-1577), considerado el mejor jurista de España desde Vitoria. El emperador le nombró Canciller de Castilla y acabó convirtiéndose en obispo de Segovia. Su libro *Variarum* (1554) fue la explicación más clara del origen del valor económico hasta la fecha. «El valor de un artículo», decía, «no depende de su naturaleza esencial, sino de la estimación de los hombres, aunque esa estimación sea absurda».

Por esta razón, la justicia de un precio no está dictada por lo que cueste la cosa o cuánto trabajo se necesita para adquirirlo. Lo único que importa es cuál es el valor común del mercado en el momento y lugar en que se vendió.

Los precios caen cuando los compradores son pocos y aumentan cuando los compradores son muchos. Parece algo muy simple, pero fue olvidado por los economistas durante siglos hasta que la Escuela Austriaca redescubrió esta«teoría subjetiva del valor» y la incorporó a la microeconomía.

Como todos estos teóricos españoles, Covarrubias creía que los dueños individuales de propiedades tenían derechos inviolables a esas propiedades. Una de las muchas polémicas del momento era si las plantas que producían medicinas tendrían que pertenecer a la comunidad. Algunos decían que había que señalar que la medicina no es el resultado de ningún trabajo o habilidad humanos. Pero Covarrubias decía que todo lo que crezca en un terreno debería pertenecer al propietario del terreno. Ese propietario incluso tiene derecho a impedir que medicinas valiosas lleguen al mercado y obligarle a venderlas es una violación de la ley natural.

Luis de Molina

Otro gran economista de la línea de pensadores de Vitoria fue Luis de Molina (1535-1601), uno de los primeros jesuitas en pensar sobre temas teóricos económicos. Aunque dedicado a la Escuela de Salamanca y sus logros, Molina enseñó en Portugal, en la Universidad de Coimbra. Fue el autor de un tratado en cinco tomos *De Justitia et Jure* (1593 y siguientes). Su contribución al derecho, la economía y la sociología fueron enormes y se realizaron varias ediciones de su tratado.

Entre todos los pensadores favorables al libre mercado de su generación, Molina fue el más coherente en su visión del valor económico. Como los demás escolásticos tardíos, estaba de acuerdo en que los bienes no se valoran «de acuerdo con su nobleza o perfección» sino según «su capacidad de servir a la utilidad humana». Así que ofrecía este convincente ejemplo: las ratas, de acuerdo con su naturaleza son más «nobles» (están más altas en la jerarquía de la Creación) que el trigo. Pero las ratas «no son estimadas ni apreciadas por los hombres» porque «no son de utilidad para nada».

El valor de uso de un bien concreto no es fijo entre las personas ni con el paso del tiempo. Cambia de acuerdo con las valoraciones individuales y la disponibilidad.

Esta teoría también explica aspectos particulares de los bienes de lujo. Por ejemplo, ¿por qué una perla «que solo puede usarse para decorar», tendría que ser más cara que el grano, el vino, la carne o los caballos? Parece que todas estas cosas son más útiles que una perla y son indudablemente más «nobles». Como explicaba Molina, la valoración la realizan individuos y «podemos concluir que el precio justo para una perla depende del hecho de que algunos hombres quisieron concederle valor como objeto de decoración».

Una paradoja similar que desconcertaba a los economistas clásicos era la paradoja de los diamantes y el agua. ¿Por qué el agua, que es más útil, tiene que tener un precio inferior al de los diamantes? Siguiendo la lógica escolástica, se debe a las valoraciones individuales y su relación con la escasez. La incomprensión de esto llevó a Adam Smith, entre otros, en la dirección equivocada.

Pero Molina entendía la importancia crucial de los precios de libre flotación y su relación con la empresa. Esto se debía en parte a sus muchos viajes y entrevistas con mercaderes de todo tipo.

«Cuando un bien se vende en una región o lugar concreto a un precio concreto», observaba, mientras esto se haga «sin fraude o monopolio o cualquier engaño», entonces «ese precio debería considerarse como regla y medida para juzgar el justo precio de ese bien en esa región o lugar». Sería, por tanto, injusto que el gobierno tratara de establecer un precio superior o inferior. Molina fue también el primero en explicar por qué los precios al detalle son más altos que los precios al por mayor: los consumidores compran en cantidades menores y están dispuestos a pagar más por unidades incrementales.

Los escritos más complejos de Molina se referían al dinero y el crédito. Como *Navarrus* antes que él, entendía la relación entre dinero y precios y sabía que la inflación derivaba de una mayor oferta monetaria.

«Igual que la abundancia de los bienes hace que bajen los precios», escribía (especificando que esto supone que la cantidad de dinero y el número de mercaderes permanecen igual), una «abundancia de dinero» hace que los precios aumenten (especificando que la cantidad de los bienes y el número de mercaderes permanecen igual). Llegaba a señalar cómo salarios, rentas e incluso dotes acaban aumentando en la misma proporción en la que aumenta la oferta monetaria.

Usaba este marco para rechazar los límites aceptados del cobro de intereses, o «usura», un punto muy peliagudo para la mayoría de los economistas de este periodo. Argumentaba que debería ser permisible cobrar intereses sobre cualquier préstamo que implique una inversión de capital, incluso cuando el retorno no se llega a materializar.

La defensa de la propiedad privada de Molina se basaba en la creencia de que la propiedad estaba justificada en el mandamiento «no robarás». Pero fue más allá que sus contemporáneos al dar también sólidos argumentos prácticos. Cuando la propiedad sea común, decía, no se cuidará y la gente luchará por consumirla. Lejos de promover el bien público, cuando la propiedad no se divida, las personas fuertes del grupo se aprovecharán de las débiles monopolizándola y consumiendo todos sus recursos.

Como Aristóteles, Molina también pensaba que la propiedad común garantizaría el fin de la generosidad y la caridad. Pero llegaba a argumentar que

«las limosnas deberían darse a partir de los bienes privados y no de los comunes».

En la mayoría de los escritos actuales sobre ética y pecado, se aplican distintos estándares al gobierno y a los individuos. Pero no en los escritos de Molina. Argumentaba que el rey puede, como rey, cometer diversos pecados mortales. Por ejemplo, si el rey concede un privilegio de monopolio a algunos, viola el derecho de los consumidores a comprar al vendedor más barato. Molina concluía que quienes se benefician están obligados por ley moral a compensar los daños que causan.

Vitoria, *Navarrus*, Covarrubias y Molina fueron cuatro de los más importantes entre más de una docena de pensadores extraordinarios que resolvieron difíciles problemas económicos mucho antes del periodo clásico.

Formados en la tradición tomista, usaron la lógica para entender el mundo que les rodeaba y buscaron instituciones que promovieran la prosperidad y el bien común. Así que no es sorprendente que muchos de los escolásticos tardíos fueran apasionados defensores del libre mercado y la libertad.

La tradición austriaca

Las ideas son como el capital en el siguiente sentido: las damos por hechas, pero en realidad son el trabajo de muchas generaciones. En el caso de la lógica económica, es el trabajo de cientos de años. Una vez entendida, la economía se convierte en parte de la manera en la que pensamos el mundo. Si no la entendemos, muchos aspectos de la manera en que funciona el mundo eluden continuamente nuestra visión y entendimiento.

Es sorprendente cuánto conocimiento de los escolásticos tardíos se ha perdido a lo largo de los siglos. Gran Bretaña se ha mantenido como una especie de avanzadilla en este aspecto, debido al idioma y la geografía, pero la tradición continental se desarrolló rápidamente, en particular en Francia en los siglos XVIII y XIX.

Pero es especialmente sorprendente que el gran resurgimiento de las ideas escolásticas se produjera en la Austria de finales del siglo XIX, un país que había evitado un levantamiento revolucionario político o teológico. Si nos fijamos en los maestros del propio Menger, encontramos sucesores de la tradición escolástica.

Mises escribía que la economía es una ciencia nueva y tenía razón, pero la disciplina no es menos verdadera por ello. Quienes evitan obstinadamente sus enseñanzas no solo se niegan a sí mismos una vía a la verdad, sino que niegan activamente la realidad y esto no permite recomendar ninguna vía para avanzar.

Con respecto a los economistas modernos que están atascados en el modo positivista-planificador, estos también tienen mucho que aprender de la Escuela de Salamanca, cuyos miem-

bros no se vieron engañados por las falacias que dominan la
teoría y política económicas modernas actuales. Ojalá nuestra
comprensión moderna pudiera volver al camino que nos abrieron hace más de 400 años. Igual que las catedrales antiguas mantienen sus integridad, belleza y estabilidad, la Escuela Austriaca,
como descendiente de las ideas de Salamanca, sigue con nosotros para hablar de una verdad integral, independientemente
de las modas intelectuales actuales.

Capítulo 8

ECONOMÍA Y CORAJE MORAL*

Debe ser realmente doloroso ser hoy un economista de la corriente principal, o al menos debería escocer algo en una calamidad financiera y económica de la escala actual, pues la gente naturalmente quiere saber quién lanzó advertencias acerca de la burbuja inmobiliaria y sus probables secuelas.

Cuando los empleos en el sector privado no han crecido en absoluto en diez años y cuando diez años de inversión interna se deshacen sistemáticamente en el curso de 18 meses, cuando los precios de la vivienda en algunos lugares del país caen un 80% y cuando bancos antes prestigiosos caen a la lona o reciben muchos miles de millones en ayudas de rescate, la gente quiere saber qué economistas vieron venir esto.

Tal vez deban ser estos economistas (los que hace tiempo lanzaron la alarma y no aquellos a los que los medios consultan incasablemente) los que tengan que estar dando consejos acerca de cómo seguir adelante. Tal vez tendrían que interpretar si el nuevo auge de la bolsa es un reflejo de la realidad u otra burbuja que evoluciona dentro de un declive que pueda llevar a otra depresión secundaria.

Sin embargo, dentro de la corriente principal nadie lo vio venir. Esto pasó porque nunca aprendieron la lección que trataba

---

* 26 de julio de 2012.

de enseñar Bastiat, que es que tenemos que mirar por debajo de la superficie, a las dimensiones invisibles de la acción humana, para ver toda la realidad económica. No basta con sentarse y mirar los puntos en un gráfico subiendo y bajando, sonriendo cuando las cosas van bien y frunciendo el entrecejo cuando van mal. Ese es el nihilismo del estadístico económico que no emplea ninguna teoría, ninguna idea de causa y efecto, ninguna compresión de la dinámica de la historia humana.

Mientras las cosas iban hacia arriba, todos pensaban que el sistema económico estaba sano. Pasó lo mismo a finales de la década de 1920. De hecho, lo mismo ha pasado a lo largo de toda la historia humana. Hoy no es distinto. La bolsa está subiendo, así que sin duda es una señal de salud económica. Pero la gente tendría que reflexionar sobre el hecho de que la bolsa que más estaba rindiendo en el mundo en 2007 era la de Zimbabue, que es hoy el hogar de un espectacular colapso económico.

Debido a esta tendencia a mirar la superficie en lugar de la realidad subyacente, la teoría del ciclo económico ha sido fuente de mucha confusión a lo largo de la historia económica. Para entender la teoría hace falta mirar más allá de los datos, dentro de la estructura de producción y su salud general. Requiere un pensamiento abstracto acerca de la relación entre capital y tipos de interés, dinero e inversión, ahorro real y ficticio y el impacto económico del banco central y las ilusiones que desata. No se puede obtener esa información mirando cómo aparecen las cifras en la parte inferior del televisor.

Cuando después golpea la crisis, siempre resulta una completa sorpresa y los economistas se encuentran con la papeleta de crear un plan para hacer algo con respecto al problema. Es entonces cuando entra en juego una forma rudimentaria de keynesianismo. El gobierno gasta el dinero que tiene e imprime el que no tiene. Se paga a los parados. Abundan los trucos para impulsar sectores quebrados. En general, esta aproximación busca animar a la gente a realizar algún tipo de intercambio para mantener a raya la realidad.

Los austriacos aconsejan una aproximación diferente, una que tiene en cuenta la realidad subyacente durante la fase de auge. Dirigen la atención a la existencia de la burbuja antes de que estalle y, una vez que se produce, los austriacos sugieren que no es bueno hinchar otra burbuja o mantener en marcha producción y planes antieconómicos.

Los austriacos a finales de la década de 1920 y principios de la de 1930 se encontraron teniendo que explicar esto una y otra vez, pero fue durante la aparición de la era del positivismo (el método que plantea que solo importa realmente lo que ves en la superficie), por lo que les fue muy difícil hacer planteamientos que fueran más complejos. Eran como científicos tratando de dirigir una convención de curanderos.

Lo mismo pasa hoy. La explicación austriaca de la depresión económica requiere pensar a más de un nivel para llegar a la verdad, mientras que los economistas de hoy en día es más probable que busquen explicaciones evidentes y soluciones aún más evidentes, aunque estas no expliquen ni solucionen nada.

Esto pone a los austriacos en una posición interesante dentro de la cultura intelectual de cualquier tiempo y lugar. Deben ir a contrapelo. Deben decir cosas que otros no quieren oír. Deben estar dispuestos a ser impopulares, social y políticamente. Estoy pensando ahora en gente como Benjamin Anderson, Garet Garrett, Henry Hazlitt, y en Europa, L. Albert Hahn, F.A. Hayek, y, sobre todo, Ludwig von Mises. Renunciaron a carrera y fama para mantenerse en la verdad y decir lo que había que decir.

Ya mayor, cuando hablaba ante un grupo de estudiantes de economía, Hayek se sinceró acerca de este problema de las decisiones morales que deben tomar los economistas. Dijo que es muy peligroso para un economista buscar fama y fortuna y trabajar muy cerca del *establishment* político, sencillamente porque, según su experiencia, la característica más importante de un buen economista es el coraje de decir lo que es impopular. Si valoras tu posición y privilegios más que la verdad, dirás lo que la gente quiere oír en lugar de lo que necesita decirse.

Este coraje para decir lo impopular marcó la vida de Ludwig von Mises. Hoy su nombre resuena en todo el mundo. Sus homenajes se producen mensual o semanalmente. Sus libros siguen vendiéndose masivamente. Es el abanderado de la ciencia al servicio de la libertad humana. Especialmente después de que apareciera la biografía de Mises, de Guido Hülsmann, ha crecido el aprecio por su coraje y nobleza.

Pero debemos recordar que no siempre fue así y no tenía que ser así. Este tipo de inmortalidad se concede en buena medida debido a las propias decisiones morales que tomó en vida. Pues si hubierais preguntado a cualquiera acerca de este hombre entre 1925 y finales de la década de 1960 (la mayoría de su carrera), la respuesta habría sido que estaba acabado, era de la vieja escuela, demasiado doctrinario, intransigente, no dispuesto a dedicarse a la profesión, uncido a ideas anticuadas y el peor enemigo de sí mismo. Le llamaron el «último caballero del liberalismo» como forma de evocar imágenes de Don Quijote. Cuando la Universidad de Yale solicitó opiniones acerca de si debía publicar *La acción humana*, la mayoría de la gente respondió que este libro no debía ver nunca la luz del día porque hacía tiempo que había pasado su momento. Yale solo se preocupó por el libro gracias a la intervención de Fritz Machlup y Henry Hazlitt.

Mises se mantuvo impertérrito, como a lo largo de toda su vida, y se mantuvo así hasta su muerte. Había tomado la decisión moral de no rendirse a las corrientes reinantes.

Antes de volver sobre esa decisión, me gustaría hablar de otro economista que fue contemporáneo de Mises. Su nombre era Hans Mayer. Había nacido en 1879, dos años antes que Mises. Murió en 1955.

Mientras Mises trabajaba en la Cámara de Comercio porque se la había denegado un puesto remunerado en la Universidad de Viena, Mayer era uno de los profesores titulares, junto con el socialista Othmar Spann y el conde Degenfeld-Schonburg.

De Spann, Mises escribió que «no enseña economía. Más bien predica nacional socialismo». Del conde, Mises escribió que estaba «mal versado en los problemas de la economía».

Era Mayer el que era realmente formidable. No era un pensador original. Mises escribió que sus «clases eran malas y su seminario no era mucho mejor». Mayer escribió solo un puñado de ensayos. Pero entonces su principal preocupación no tenía nada que ver con la teoría ni con las ideas. Su objetivo era el poder académico dentro del departamento y la profesión.

La gente fuera de la universidad puede que no entienda lo que significa esto. Pero, dentro de la universidad, todos lo saben. Hay gente en todos los departamentos que dedica la mayoría de su trabajo a la más mínima posibilidad de mejora profesional. ¿Qué hay en juego? No mucho. Pero, como sabemos, cuanto menos esté en juego, más dura es la pelea.

Entre los premios hay mejores títulos, mayores salarios, la capacidad de conseguir las mejores horas para la enseñanza, reducir la carga docente (idealmente a cero) y las horas de oficina, promocionar a tu gente, tener un despacho más grande con una silla más cómoda, conocer a todas la personas importantes de la profesión y, lo mejor de todo, reinar sobre los demás: ser capaz de reducir la influencia de tus enemigos y aumentar la de tus amigos de una forma que haga que la gente se convierta en tus subalternos y suplicantes durante toda su vida.

Con el estado, hay aún más premios: estar cerca de los políticos, conseguir trabajos externos en los que actuar como experto en redacción de legislación o en procedimientos legales, testificar ante el Congreso, ser llamado por los grandes medios de comunicación para comentar asuntos nacionales y similares. No se trata de aportar ideas, sino de aportarse a sí mismo en un sentido profesional.

La gente externa imagina que la vida universitaria se dedica a las ideas. Pero la gente que está dentro sabe que las batallas reales que tienen lugar dentro de los departamentos tienen muy poco que ver con ideas o principios. Puede establecerse extrañas coaliciones, basándose en las razones más nimias. Las ambiciones profesionales son lo más importante, no los principios. Hay gente en todos los departamentos que es muy hábil, pero esas habilidades no tienen nada que ver con la ciencia, la enseñanza de la verdad o seguir una vocación como verdadero intelectual.

Ha sido así en la universidad durante siglos, pero hoy puede que sea peor que nunca. Estas intrigas están a menudo bien recompensadas en esta vida, mientras que quienes las evitan en favor de la verdad quedan apartados y relegados a un permanente estado inferior. Son solo cosas de la vida. Es a lo que se refería Hayek. Y la vida de Mises ejemplifica perfectamente esto.

Pero volvamos al Profesor Mayer. Las principales energías de Mayer se gastaban en una guerra abierta contra el rival por el poder, Othmar Spann. Esto le consumía casi completamente. Creía que tenía que mantener a raya a Spann para progresar él. Mayer difamaba a Spann en toda posible forma y lugar, en una guerra de navajazos. Advirtamos que Mayer y Spann no estaban en desacuerdo en ningún asunto de política en modo alguno. Solo se trataba de posición y poder.

Cuando no le consumían el apasionado odio y las tramas contra Spann, Mayer dedicaba el resto de sus energías a crear su base de poder dentro de la Universidad de Viena. Las cosas empezaron bien para él como reconocido sucesor de Friedrich von Wieser, que fue el anterior administrador del poder. Mayer se había establecido como el más sumiso alumno de Wieser. Su recompensa fue que Wieser le nombrara su sucesor, superando no solo a Mises sino asimismo al notable Joseph Schumpeter.

Así empezó la carrera de Mayer. Él llevaba la batuta. El propio Mises estaba en su lista de enemigos, por supuesto. Mayer fue en parte responsable de denegar a Mises una plaza y un salario de titular a tiempo completo. Pero eso no le bastaba. Trataba muy mal a los alumnos de Mises durante los exámenes. Por esta razón, Mises llegó a sugerir que los participantes en su seminario evitaran estar inscritos oficialmente, para evitar que les dañara Mayer. Mayer también hizo que fuera casi imposible que ningún estudiante del departamento hiciera su tesis con Mises. Su política era feroz e implacable.

¿Cuál fue la actitud de Mises? Escribió en sus memorias: «No podía ocuparme de todas estas cosas». Simplemente siguió haciendo su trabajo. Uno puede fácilmente imaginar escenas de este periodo. Mises está en su despacho escribiendo y leyendo, tratando de ultimar y perfeccionar la teoría del ciclo económico o reflexionando sobre el problema de la metodología económica. Un alumno entra para hacerle saber la última fechoría de Mayer. Mises levanta la vista de su trabajo, suspira exasperado y dice al alumno que no se preocupe por ello y luego continúa con su trabajo. Rechazaba involucrarse.

El círculo de Mises estaba aterrorizado por lo que sucedía, pero sus miembros hacían todo lo que podían para restarle importancia. Incluso crearon una canción, sobre una melodía vienesa tradicional, llamada el «Debate Mises- Mayer», que mostraba a los dos economistas hablando sin entenderse y sin compartir ningún valor en absoluto.

En cierto momento, el círculo de Mises se convirtió en una verdadera sociedad económica asociada con la universidad. Mises solo pudo ser vicepresidente, ya que, por supuesto, Mayer sería el presidente, ya que era el amo de universo en lo que se refería a la economía en Viena. Y nunca perdía la oportunidad de subrayar quién era y qué podía hacer.

El puesto de Mises como vicepresidente no duraría. Llegó un momento en que el nazismo creció en influencia en Austria. Como liberal de los viejos tiempos y judío, Mises sabía que su tiempo se estaba acabando. Temiendo incluso la posibilidad de daño físico, Mises aceptó un nuevo empleo en Ginebra y se mudó a su nuevo hogar en 1934. La sociedad mermó en sus miembros y por lo demás se mantuvo a flote.

En 1938, Austria fue anexionada al Tercer Reich alemán. Mayer pudo elegir qué hacer. Podría haber mantenido sus principios. ¿Pero por qué debía hacerlo? Habría significado sacrificar su propio interés por un bien superior y eso es algo que Mayer nunca había hecho. Muy al contrario: toda su carrera académica se ocupaba de Mayer y solo de Mayer.

Así que, para su eterna vergüenza, escribió a todos los miembros de la Sociedad Económica que todos los no arios eran expulsados desde ese momento. Por supuesto, esto significaba que no se permitía a ningún judío continuar siendo miembro de la misma. Citaba «las nuevas circunstancias de la Austria alemana y a la vista de las leyes respectivas ahora aplicables a este estado».

Así que podéis ver que todo el poder de Mayer sobre sus subordinados fue superado por el mayor poder del estado, al cual fue inquebrantablemente leal. Prosperó antes de los nazis. Prosperó durante la ocupación nazi. Ayudó a los nazis a purgar judíos y liberales de su departamento. Advirtamos que Mayer no era un radical antisemita. Su decisión fue el resultado de una serie de decisiones propias por la posición y el poder en la profesión contra la verdad y los principios. Durante un tiempo, esto parecía inocuo de alguna manera. Y luego llegó el momento de la verdad y desempeñó un papel en la matanza masiva de ideas y de quienes las defendían.

Tal vez Mayer pensara que había tomado la decisión correcta. Después de todo, mantuvo sus privilegios y prebendas. Y después de la guerra, cuando llegaron los comunistas y se apropiaron del departamento, también prosperó. Hizo todo lo que se suponía que haría un académico para seguir adelante y alcanzó toda la gloria que puede alcanzar un académico, independientemente de las circunstancias.

Pero consideremos la ironía de todo este poder y gloria. En el gran marco de la economía continental en general, los austriacos no estuvieron muy considerados por la profesión en general. Desde el cambio de siglo, la Escuela Histórica Alemana se había apropiado del manto de la ciencia. Su orientación y postura empíricas frente a la teoría clásica se habían aunado, con las décadas, muy bien con el aumento del positivismo en las ciencias sociales.

Nunca olvidéis que la expresión Escuela Austriaca no fue acuñada por los austriacos, sino por la Escuela Histórica Alemana y la expresión se usaba con menosprecio, con connotaciones de una escuela enfrascada en el escolasticismo y la deducción medieval en lugar de en la ciencia real. Así que nuestro amigo Mayer se creía el amo de universo, cuando era un pez muy pequeño en un charco aún más pequeño.

Jugó y eso fue todo lo que hizo. Pensó que ganaba, pero la historia lo ha juzgado de un modo diferente.

Murió en 1995. ¿Y qué pasó después? Llegó finalmente la justicia. Fue olvidado inmediatamente. De todos los alumnos que tuvo en su vida, no tuvo ninguno tras su muerte. No había mayerianos. Hayck reflexionaba sobre esta asombrosa evolución en un ensayo. Espera mucho de la escuela de Wieser- Mayer, pero no mucho de la rama de Mises. Escribe que ocurrió exactamente lo contrario. La maquinaria de Mayer parecía prometedora, pero se averió completamente, mientras que Mises no tenía maquinaria en absoluto y se convirtió en el líder de un coloso global de ideas.

Si miramos en el libro *Quién es quién en la economía*, de Mark Blaug, un volumen de 1.300 páginas, hay entradas para Menger, Hayek, Böhm-Bawerk y, por supuesto, Ludwig von Mises. La entrada califica a Mises como «la principal figura de la Escuela Austriaca del siglo XX» y le atribuye contribuciones en metodología, teoría de precios, teoría del ciclo económico, teoría monetaria, teoría socialista e intervencionismo. No se menciona el precio que pagó en vida, ni sus valientes decisiones morales, ni la triste realidad de una vida trasladándose de un país a otro para evitar al estado. Acabó siendo conocido solo por sus triunfos, de los que Mises nunca fue consciente durante su propia vida.

¿Y sabéis qué? No hay ninguna entrada en este mismo libro para Hans Mayer. No es que su estatus se haya reducido, no es que se apunte y desdeñe, no es que se le señale como un pensador menor con enorme poder. No se le califica de colaborador nazi o comunista. En absoluto. Ni siquiera se le menciona. Es como si nunca hubiera existido. El legado de Mayer se desvaneció tan rápido después de su muerte que estaba olvidado solo unos pocos años más tarde.

Es algo tan malo para Mayer que hoy ni siquiera hay una entrada en Wikipedia sobre él. De hecho, este discurso la ha prestado más atención a él y a su legado que probablemente ninguno en 50 años. Podéis esperar eternamente otra mención.

La línea de Mayer terminó. Pero la línea de Mises solo estaba empezando. Fue a Ginebra en 1934, aceptando un recorte radical en sus ingresos. Le siguió su novia y se casaron, no sin que antes le advirtiera de que, aunque escribiría mucho sobre dinero, nunca tendría demasiado.

Y se quedó en Ginebra seis años, habiendo abandonado su querida Viena y viendo al mundo despedazar la civilización. Los nazis saquearon su antiguo piso en Viena y robaron sus libros y papeles. Llevó una existencia nómada, inseguro de cuál sería su próximo trabajo. Y así es como vivió la mayor parte de su vida: estaba a mediados de sus cincuenta y era casi una persona sin hogar.

Pero igual que pasó con el problema de Mayer durante sus años en Viena, Mises no se distraería de su obra importante. Durante seis años, investigó y escribió. El resultado fue su obra maestra, un enorme tratado de economía llamado *Nationalökonomie*. En 1940 completó el libro y se publicó en una edición de pequeño formato. ¿Pero qué intensa era la demanda en 1940 de un libro sobre economía escrito en alemán? No estaba destinado a ser un superventas. Sin duda lo sabía al escribirlo. Pero lo escribió de todas maneras.

En lugar de firmas de libros y homenajes, Mises afrontó ese año otro acontecimiento que le cambiaría la vida. Recibió una noticia de sus patrocinadores en Ginebra de que había un problema. Había demasiados judíos refugiándose en Suiza. Se le dijo que tenía que encontrar un nuevo hogar. Estados Unidos era el nuevo refugio.

Empezó a escribir pidiendo trabajo en Estados Unidos, pero pensad en lo que esto significaba. Era germanoparlante. Podía leer en inglés, pero tendría que aprenderlo hasta el punto de poder de verdad dar clases en ese idioma. Había perdido sus notas y archivos y libros. No tenía ningún dinero. Y no conocía a ninguna persona poderosa en Estados Unidos.

También había un serio problema ideológico en Estados Unidos. El país estaba completamente embelesado con la economía keynesiana. La profesión había cambiado. Casi no había economistas de libre mercado en Estados Unidos y ningún académico para defender su causa. Había unas pocas posibilidades de trabajo, pero solo eran promesas y no cabía discutir la paga o cualquier tipo de seguridad. Acabó teniendo que mudarse sin ninguna garantía. Tenía casi sesenta años.

Pero en Estados Unidos Mises sí tenía un gran defensor fuera de la universidad. Su nombre era Henry Hazlitt. Dejadme ahora repasar también la historia de Hazlitt. Empezó a trabajar como periodista financiero y editor de reseñas de libros para revistas de Nueva York. Se hizo tan conocido como figura literaria que fue contratado como editor literario por *The Nation* antes del New Deal. Sus opiniones de libre mercado no eran un problema especial para él en aquellos tiempos. Pero después de la Gran Depresión, los intelectuales liberales tuvieron que tomar una decisión: tenían de adoptar la teoría del mercado libre o abrazar el estado planificador industrial de FDR.

The Nation siguió al New Deal. Fue un revés importante para este órgano de opinión liberal que había defendido durante mucho tiempo la libertad y condenado el estatismo industrial. El New Deal no era sino la imposición de un sistema fascista de economía, pero *The Nation* estableció un precedente para la izquierda estadounidense que esta tendencia ideológica ha seguido desde entonces: todos los principios deben acabar cediendo el paso al imperativo primordial de oponerse al capitalismo, sin que importe la razón.

Hazlitt rechazó aceptar el cambio. Discutió con sus colegas. Señaló las mentiras de la National Industrial Recovery Act. Trató de explicar pacientemente lo absurdo del New Deal. No renunciaría. Le despidieron.

H.L. Mencken vio la grandeza de Hazlitt y le contrató como su propio sucesor en el *American Mercury* antes de darle todo el control. Por desgracia, tampoco esto funcionó, porque a los dueños de esa publicación no les gustaba un judío como Hazlitt o su inclinación por el libre mercado, y le hicieron de nuevo empacar sus cosas.

De formas distintas, en sectores distintos y en países distintos, parecía como si Mises y Hazlitt estuvieran viviendo vidas paralelas. En cada encrucijada de su vida, ambos habían elegido el camino de los principios. Eligieron la libertad, aunque fuera a costa de sus propias cuentas bancarias e incluso aunque su decisión produjera una rebaja profesional y un riesgo de fracaso a los ojos de sus colegas.

Hazlitt se trasladó al *New York Times*, que entonces no tenía ni de cerca el prestigio que hoy tiene, aunque no lo merezca. Utilizó su cargo para escribir acerca de libros de Mises, como *Socialismo*. Esto atrajo la atención de un puñado de hombre estadounidenses de negocios, como Lawrence Fertig, que posteriormente (igual que Hazlitt) se convirtió en un muy generoso donante del Instituto Mises. Fueron Fertig y sus amigos los que conocieron la llegada de Mises a Estados Unidos, y estaban entusiasmados. Habían visto lo devastadores que eran FDR y los keynesianos para las ideas del libre mercado. Crearon un fondo que proporcionaría a Mises un puesto en la Universidad de Nueva York, donde podría enseñar y escribir. No le pagaría la universidad, donde fue siempre un profesor visitante, sino que lo haría un fondo privado.

¿Veis dónde coincide todo esto? Hazlitt siguió el camino moral, el camino del coraje, el camino del sacrificio y los principios. Gracias a esto Mises, que había tomado el mismo camino, pudo encontrar un refugio en Estados Unidos. No era el cargo que merecía. Sería tratado mucho peor que keynesianos y marxistas. Pero era algo. Era una renta para pagar las facturas. Era una posibilidad de enseñar y escribir. Tenía la libertad de decir lo que quisiera decir. Era todo lo que necesitaba.

Así vemos cómo estos dos hombres de principios, mundos aparte, acabaron encontrándose porque reconocían a un tipo de persona: el hombre que está dispuesto a hacer lo correcto independientemente de las circunstancias. Cada uno podía haber seguido otro camino. Mises podía haber sido tan famoso y poderoso como había sido Mayer, pero hubiera perdido la inmortalidad de sus ideas en el proceso. Hazlitt podía haber sido un escritor de alto rango con más seguidores, pero habría tenido que entregar toda su integridad para serlo.

Juntos, fueron capaces de vencer.

Una de las personas que llegó a Mises a través de los escritos de Hazlitt fue el presidente de la Yale University Press, Eugene Davidson, que se había aproximado a Mises para hacer una edición en inglés de su obra maestra de 1940. Mises ya había dedicado seis años a ese libro y este había desaparecido sin dejar rastro. Ahora se le pedía traducirlo al inglés. Era una tarea descomunal, pero estuvo en principio de acuerdo. Luego Yale buscó referencias para aprobar tal enorme riesgo de publicación. Yale buscó primero entre los antiguos colegas de Mises y fueron tan decepcionantes como referencias como en otros aspectos de sus carreras. Escribieron que no había necesidad de publicar el libro. Las ideas de Mises eran viejas y estaban superadas por la teoría keynesiana. Pero Yale persistió. Hazlitt finalmente se las arregló para encontrar un grupo de gente que apoyaría la traducción del libro y Mises volvió al trabajo.

Todos sabemos la frustración que produce perder un fichero en tu computadora y tener que rehacerlo. Imaginemos a lo que equivalía para Mises perder un libro de 1.000 páginas, perdido para la historia en tiempos oscuros y que se le pidiera recrearlo en otro idioma.

Pero no se desalentó. Se puso a trabajar y el resultado apareció nueve años más tarde. El libro se llamaba *La acción humana*. Para los patrones académicos, fue un superventas y sigue siéndolo sesenta años después.

Aun así, Mises se mantuvo en su puesto no pagado ni oficial. Reunía a su alrededor alumnos para su seminario, aunque otros profesores les advertían que no se apuntaran a la clase ni acudieran a sus sesiones. Desanimaban a sus alumnos diciéndoles que no tenían mucho que ganar con él. El decano secundaba su hostilidad. Para Mises, que había soportado las guerras en la Universidad de Viena, era una tontería, nada a lo que prestar atención en absoluto.

Su fama se extendió lentamente, pero tenemos que recordar que incluso en su máximo entonces en Estados Unidos, era diminuta en comparación con la actual. De hecho, Mises murió un año antes de lo que normalmente se considera la resurrección austriaca, que se fecha a menudo en 1974, cuando Hayek recibe el Premio Nobel, un premio completamente inesperado y que tuvo que compartir con un socialista, y eso sacudió a una profesión que no tenía ningún interés en las ideas de Mises o Hayek, a quienes les consideraban como dinosaurios.

Es interesante leer el discurso de aceptación de Hayek, que publicó este mismo año el Instituto Mises. Es un homenaje a una profesión para la que quería lazos más estrechos. Pero no era una presentación amable de las glorias académicas. De hecho, era todo lo contrario. Decía que la persona más peligrosa en la tierra es un intelectual al que le falte la humildad necesaria para ver que la sociedad no necesita amos y no puede planificarse desde lo alto. Un intelectual al que le falte humildad puede convertirse en un tirano y en un cómplice de la destrucción de la propia civilización.

Es un discurso asombroso para darlo un ganador del premio Nobel, una condena implícita de un siglo de tendencias intelectuales y sociales y un verdadero homenaje a Mises, que había mantenido sus principios y nunca se había rendido a las tendencias académicas de su tiempo.

Podría contarse una historia similar acerca de la vida de Murray N. Rothbard, que podría haberse convertido en una gran estrella en algún departamento de la Ivy League, pero en su lugar decidió seguir la guía de Mises en ciencia económica. Por el contrario, enseñó muchos años en una pequeña universidad de Brooklyn, con una paga muy baja. Pero, igual que Mises, este elemento de la vida de Rothbard se olvida con frecuencia. Después de sus muertes, la gente ha olvidado todas las pruebas y dificultades que afrontaron en vida estos hombres.

¿Y qué consiguieron estos hombres por todos sus compromisos adquiridos? Consiguieron para sus ideas cierto tipo de inmortalidad.

¿Cuáles son esas ideas? Dicen que la libertad funciona y la libertad es correcta, que el gobierno no funciona y que es la fuente de mucho mal en el mundo. Demostraron estas proposiciones con miles de aplicaciones. Escribieron estas verdades en tratados de investigación y artículos populares. Y la historia les ha dado la razón una y otra vez.

Vivimos ahora otro periodo de planificación económica y vemos que los economistas se dividen en dos bandos. La abrumadora mayoría está diciendo lo que el régimen quiere que digan. Alejarse demasiado de la ideología que prevalece en el poder es más arriesgado de lo que la mayoría quiere asumir. Una pequeña minoría, el mismo grupo que advirtió acerca de la burbuja está ahora advirtiendo acerca de que el estímulo es una mentira. Y van contra la corriente al decirlo.

Estoy de acuerdo con Hayek. Ser un economista íntegro significa tener que decir cosas que el régimen no quiere oír. Hace falta más que conocimiento técnico para ser un buen economista. Hace falta coraje moral y de esto hay incluso menos oferta que de lógica económica.

Igual que Mises necesitó a Fertig y Hazlitt, los economistas con coraje moral necesitan apoyos e instituciones que les respalden y les den voz. Todos debemos soportar esta carga. Como dijo Mises, la única forma de combatir ideas malas es con ideas buenas. Y al final, nadie estará a salvo si la civilización marcha hacia su destrucción.

Capítulo 9
LA VISIÓN MISESIANA*

Cada vez me resulta más difícil describir a la gente el tipo de mundo que le gustaría ver al Instituto Mises, con el tipo de orden político que Mises y toda la tradición liberal clásica creían que sería el más beneficioso para la humanidad.

Parece que cuanta más libertad perdemos, menos personas son capaces de imaginar cómo podría funcionar dicha libertad. Es fascinante observarlo.

La gente ya no puede imaginar un mundo en que podamos conseguir no sufrir invasiones masivas de nuestra privacidad a cada paso e incluso ser desnudados antes de subir al avión, aunque instituciones privadas gestionen mucha más seguridad sin ninguna invasión de los derechos humanos.

La gente ya no puede recordar cómo funcionaría un mercado verdaderamente libre, a pesar de que todos los problemas del sistema actual los crearon en primer lugar las intervenciones públicas.

La gente piensa que necesitamos 700 bases militares en todo el mundo y guerras interminables en Oriente Medio, para conseguir «seguridad», aunque Suiza sea segura sin ellas.

La gente piensa que es absurdo pensar en vivir sin bancos centrales, aunque haya invenciones modernas que han destruido una moneda tras otra.

---

* 25 de enero de 2010.

Incluso instituciones entrometidas como la Comisión de Seguridad de Productos de Consumo o la Comisión Federal de Comercio son consideradas por la mayoría de la gente como absolutamente esenciales, aunque no sean las arresten a ladrones y defraudadores, sino a instituciones privadas.

La idea de privatizar las carreteras o el suministro de agua resulta extravagante, aunque tengamos una larga historia de ambas cosas.

La gente incluso se pregunta cómo podría educarse a alguien en ausencia de escuelas públicas, como si los propios mercados no hubieran creado en Estados Unidos la sociedad más alfabetizada en los siglos XVIII y XIX.

La lista podría seguir indefinidamente. Pero el problema es que la capacidad de imaginar la libertad (la misma fuente de vida para la civilización y la propia humanidad) se está erosionando en nuestra sociedad y cultura. Cuanta menos libertad tenemos, menos personas son capaces de imaginar qué se siente en libertad y por tanto están menos dispuestas a luchar por su restauración.

Esto ha afectado profundamente a la cultura política. Hemos vivido un régimen tras otro, desde al menos la década de 1930, en la que la palabra «libertad» ha sido solo un principio retórico, aunque cada nuevo régimen ha quitado cada vez más libertad.

Ahora tenemos un presidente que ni siquiera se preocupa por hablar de libertad. De hecho, no creo que esa idea se le haya ocurrido a Obama en ningún caso. Si la idea de la libertad ha pasado por su cabeza, debe haberla rechazado por peligrosa, injusta, desigual, irresponsable o algo parecido a esto.

Para él, y para muchos estadounidenses, el objetivo del gobierno es ser una extensión de los valores personales de quienes tiene a su cargo. He visto un discurso en el que Obama reclamaba un servicio nacional (la espantosa idea de que el gobierno debería robar dos años de la vida personal de cada joven en trabajo esclavo y para inculcar lealtad al leviatán) sin preocuparle posponer la vida profesional y personal de un joven.

¿Cómo justificaba Obama su apoyo a esta idea? Decía que, cuando él era joven, aprendió valores importantes de su periodo de servicio comunitario. Le ayudó a formarse y moldearse. Le ayudó a entender los problemas de los demás y pensar más allá de su propia experiencia.

Bueno, me alegro por él. Pero eligió esa vía voluntariamente. Hay una gran diferencia entre la experiencia personal e imponer un malvado plan nacional a todo el país. Su presunción se toma en realidad del manual del estado totalitario: el padre-líder guiará a sus hijos-ciudadanos por la vía correcta, de forma que todos serán tan buenos como el propio líder.

En mi opinión, el comentario de Obama ilustra una de dos cosas. Podría demostrar que Obama es un dictador en potencia, siguiendo el molde de Stalin, Hitler y Mao, pues los presupuestos que exhibe aquí son tan aterradores como cualquiera imaginado por los peores tiranos de la historia humana. O, lo que es más probable, puede ser un ejemplo de la opinión de Hannah Arendt de que el totalitarismo es solo una aplicación del principio de la «banalidad del mal».

Con esta expresión, Arendt trataba de llamar la atención sobre cómo la gente entiende mal el origen y naturaleza de los regímenes malvados. Los regímenes malvados no son siempre el producto de fanáticos, paranoides y sociópatas, aunque, por supuesto, el poder alimenta el fanatismo, las paranoias y la sociopatía. Por el contrario, el estado totalitario puede crearlo la gente normal que acepte una premisa errónea con respecto al papel del estado en la sociedad.

Si el papel del estado es generar pensamientos malvados y malas ideas, debe convertirse necesariamente en totalitario. Si el objetivo del estado es que todos los ciudadanos tengan los mismos valores que el gran líder, ya sean económicos, morales o culturales, el estado debe convertirse necesariamente en totalitario. Si se hace creer a la gente que los recursos escasos se canalizan mejor en una dirección que productores y consumidores no elegirían por sí mismos, el resultado debe ser necesariamente la planificación centralizada.

Frente a esto, la mayoría de la gente hoy no rechaza necesariamente estas premisas. Ya no atemoriza la idea de una sociedad planeada por el estado. Lo que atemoriza más a la gente hoy es la perspectiva de una sociedad sin un plan, lo que equivale a decir una sociedad de libertad. Pero aquí está la diferencia clave entre autoridad en la vida cotidiana (como la ejercida por un padre o un maestro o un pastor o un jefe) y el poder del estado: los edictos del estado se aplican siempre y en todo lugar a punta de pistola.

Es interesante lo poco que pensamos en la realidad (prácticamente nunca se oye la verdad explicada tan sencillamente en un aula, por ejemplo), pero es la pura realidad. Todo lo que hace el estado se hace en último término por medio de la agresión, lo que equivale a decir la violencia o la amenaza de violencia contra el inocente. El estado totalitario no es en realidad más que la extensión continua de estos medios estatistas a través de todos los recovecos de la vida económica y social. Eso hace que la paranoia, megalomanía y fanatismo de los gobernantes se conviertan en un peligro mortal para todos.

Empieza con un error aparentemente pequeño, una banalidad. Pero, con el estado, lo que empieza como una banalidad acaba con un baño de sangre.

Dejadme que dé otro ejemplo de la banalidad del mal. Hace varias décadas, algunos chalados tuvieron la idea de que el uso humano de combustibles fósiles tenía un efecto de calentamiento sobre el clima. A los ecologistas les enardeció la idea. Igual que a muchos políticos. Los economistas se vieron en buena medida amordazados porque hacía tiempo que habían concedido que hay algunos bienes públicos que no puede gestionar el mercado: sin duda, el clima es uno de ellos.

Pasaron los años y ¿qué tenemos? Políticos de todo el mundo (todos charlatanes de algún tipo, solo simulando representar a su nación) reuniéndose en algún lugar lujoso en Europa para gravar el mundo y planear el enfriamiento del clima hasta las temperaturas precisas de hace medio siglo.

En toda la historia de la humanidad, nunca ha habido un espectáculo más absurdo que este.

No sé si es una tragedia o una farsa que la reunión sobre calentamiento global llegara a su fin con políticos volviendo a casa enfrentándose a tormentas de nieve y temperaturas mínimas récord.

Llamo la atención sobre este absurdo para indicar algo más general. Lo que parece haber perdido la generación actual es la noción de lo que en su momento se llamó libertad.

Dejadme que aclare qué quiero decir con libertad. Me refiero a una condición social o política en la que la gente toma sus propias decisiones con respecto a qué hacer con sus vidas y su propiedad. A la gente se le permite comerciar e intercambiar bienes sin impedimentos ni interferencias violentas. Pueden asociarse o no con quien elijan. Pueden organizar sus vidas y negocios. Pueden construir, moverse, innovar, ahorrar, invertir y consumir en los términos que ellos mismos definan.

¿Cuáles serían los resultados? No podemos predecirlos, igual que no puedo saber a qué hora se despertarán mañana todas las personas que están en esta sala o qué van a desayunar. Las decisiones humanas funcionan así. Hay tantos patrones de decisión humana como humanos que toman decisiones.

La única pregunta que deberíamos hacer es si los resultados serán ordenados (coherentes con la paz y la prosperidad) o caóticos y por tanto en oposición al florecimiento humano. La dura carga que soporta la tradición liberal clásica, que va desde los tiempos medievales hasta hoy, es hacer creíble la por otra parte improbable afirmación de que la libertad es la madre, y no la hija, del orden.

Es verdad que la generación de americanos que se independizaron del gobierno de Gran Bretaña a finales del siglo XVIII daba por sentado el imperativo de la libertad. Se beneficiaron de siglos de trabajo intelectual de verdaderos liberales que habían demostrado que el gobierno no hace nada por la sociedad, salvo dividir y saquear al pueblo de maneras grandes y pequeñas. Habían llegado a creer que la mejor manera de gobernar una sociedad era no gobernarla en absoluto o, posiblemente, gobernarla solo de una forma mínima, con el consentimiento del pueblo.

Hoy este orden social suena como un caos, no algo que nos atrevamos a probar, no sea que nos veamos infestados de terroristas y fanáticos de las drogas, en medio de un masivo colapso social, económico y cultural. Esto me resulta muy interesante. Es la condición cultural que aparece en ausencia de experiencia con la libertad. Más en concreto, aparece cuando la gente no tiene idea de la relación entre causa y efecto en asuntos humanos.

Se podría pensar que para la mayor parte de la gente bastaría con entrar en la World Wide Web, navegar por cualquier red social o máquina de búsqueda y conseguir experiencia directa sobre los resultados de la libertad humana. No fue ninguna organización pública la que creó Facebook, ni ninguna organización pública gestiona su funcionamiento cotidiano. Lo mismo pasa con Google. Tampoco ninguna organización pública inventó el milagro del iPhone o la cornucopia utópica de productos disponibles en el Wal-Mart al cabo de la calle.

Sin embargo, fijaos en lo que nos da el estado: el Departamento de Vehículos a Motor; correos; espiar nuestros correos electrónicos y llamadas telefónicas; chequeos corporales en el aeropuerto; restricciones en el uso del agua; el sistema de tribunales; guerras; impuestos; inflación; regulaciones empresariales; escuelas públicas; Seguridad Social; la CIA y otras decenas de miles de programas fracasados y burocracias, cuya reputación no es buena, hables con quien hables.

Pero podríamos decir, bueno, el mercado libre nos da el postre, pero el gobierno nos da las verduras para mantenernos sanos. Ese punto de vista no tiene en cuenta la terrible realidad de que más de 100 millones de personas fueron asesinadas por el estado solo en el siglo XX, sin incluir sus guerras.

Solo es el coste más visible. Como estacaba Frédéric Bastiat, la enormidad de los costes del estado solo puede descubrirse considerando los costes que no se ven: las invenciones que no llegaron al mercado, los negocios que no se abrieron, las personas cuyas vidas se recortan de forma que no pueden disfrutar de todo su potencial, la riqueza que no se usa para propósitos productivos sino que se grava, la acumulación de capital mediante ahorro no empleada porque se ha destruido la moneda y el tipo de interés se ha mantenido en cero, entre una lista infinitamente extensible de desconocimientos.

Entender estos costes requiere complejidad intelectual. Entender lo más básico e inmediato, que el mercado funciona y el estado no, requiere menos complejidad, pero sigue necesitándose algún grado de comprensión de causa y efecto. Si nos falta esta comprensión, pasaremos por la vida aceptando lo que exista como algo dado. Si hay riqueza, hay riqueza y no hay que saber nada más. Si hay pobreza, hay pobreza y no podemos saber nada más sobre ella.

Fue para tratar esta profunda ignorancia por lo que nació la disciplina de la economía en España e Italia (los hogares de las primeras revoluciones industriales) en los siglos XIV y XV y llegó al nivel de la exposición científica en el siglo XVI, para expandirse y desarrollarse hasta el siglo XVIII en Inglaterra y Alemania y en Francia en el siglo XIX y finalmente lograr su completa representación en Austria y Estados Unidos a finales del siglo XIX y el siglo XX.

¿Y en qué contribuyó la economía a las ciencias humanas? ¿Qué valor añadió? Demostró el orden del mundo material mediante un examen cuidadoso del funcionamiento del sistema de precios y las fuerzas que actúan para organizar la producción y distribución de bienes escasos.

La principal lección de la economía se enseñó una y otra vez durante siglos: el gobierno no puede mejorar los resultados de la acción humana logrados mediante el comercio y la asociación voluntarios. Esa fue su contribución. Ese fue su argumento. Esa fue su advertencia a todos los aspirantes a planificadores sociales: vuestros sueños de dominación deben refrenarse.

En la práctica, era un mensaje de libertad, que inspiraba una revolución tras otra, todas derivando a la convicción de que la humanidad estaría mejor en ausencia de gobierno que con su presencia tiránica. Pero consideremos lo que tenía que pasar antes de las revoluciones reales: tenía que existir este trabajo intelectual que prepara el campo de batalla, la épica lucha que duró siglos y continúa hasta hoy, entre el estado-nación y la economía de mercado.

No os equivoquéis: el resultado de esta batalla es el determinante más importante para el establecimiento y la conservación de la libertad. El orden político en el que vivimos no es sino una extensión de las capacidades de nuestra imaginación cultural colectiva. Una vez dejamos de imaginar la libertad, puede desaparecer y la gente ni siquiera se dará cuenta de que se ha ido. Una vez se haya ido, la gente no podrá imaginar que pueda o deba volver.

Me recuerda la experiencia de un economista asociado al Instituto Mises, que fue invitado a Kazajistán después de la caída de la Unión Soviética. Iba a asesorarles en la transición a los mercados libres. Habló a los cargos públicos acerca de la privatización, las bolsas y la reforma monetaria. Sugería que no se regularan los nuevos negocios. Los cargos públicos estaban fascinados. Quedaron convencidos por el alegato general a favor de la libre empresa. Entendieron que el socialismo significaba que los cargos fueran también pobres.

Y, aun así, se planteaba una objeción. Si se permitía a la gente abrir negocios y fábricas en cualquier lugar y se cerraban las fábricas dirigidas por el estado,

¿cómo podía el estado planificar adecuadamente dónde iba a vivir la gente? Después de todo, la gente podía verse tentada a mudarse a lugares con trabajos bien pagados y abandonar los lugares en los que no hubiera empleos.

El economista escuchó esta objeción. Sacudió la cabeza indicando que eso es precisamente lo que haría la gente. Después de un rato, los cargos oficiales fueron más explícitos. Dijeron que sencillamente no podían hacerse a un lado y dejar que la gente se mudara a donde quisiera, ya que esto significaría perder el control de la población. Podrá causar sobrepoblación en algunas áreas y desolación en otras. Si el estado seguía esta idea de libertad de movimientos, podría tener que cerrarse completamente, pues en la práctica estaría renunciando a cualquier control sobre la gente.

Así que, al final, los cargos públicos rechazaron la idea. Todo el movimiento de reforma económica encalló en el miedo a dejar que la gente se mudara: una libertad que casi todos en Estados Unidos dan por sentada y que difícilmente daría lugar a objeciones.

Podemos reírnos de esto, pero consideremos el problema desde el punto de vista del estado. La única razón para estar en el cargo es el control. Estás ahí para dirigir la sociedad. Lo que en realidad temes de verdad es que si abandonas el control de movimientos de la gente estás en la práctica entregando toda la sociedad a las artimañas de la multitud. Se pierde todo el orden. Desaparece toda la seguridad. La gente comete errores terribles con sus vidas. Culpan al gobierno por no controlarlas. ¿Y qué pasa entonces? El régimen pierde poder.

Al final, para el estado, todo esto se reduce a la conservación de su poder. Todo lo que hace es conseguir más poder e impedir la disminución de este. Yo os digo que todo lo demás que oigáis, al final, es una tapadera para ese motivo esencial.

Y, aun así, este poder requiere la cooperación de la cultura pública. Las justificaciones para el poder deben convencer a los ciudadanos. Por eso el estado debe siempre generar miedo entre la población acerca de cómo sería la vida en ausencia del estado.

El filósofo político que hizo más que nadie para posibilitar esto no fue Marx, ni Keynes, ni Strauss, ni Rousseau. Fue un filósofo del siglo XVII, Thomas Hobbes, que creó una visión convincente de la pesadilla de una vida en ausencia del estado. Describía dicha vida como «solitaria, pobre, desagradable, brutal y corta». La sociedad natural, escribía, era una sociedad de conflicto y peleas, un lugar en el que nadie está a salvo.

Estaba escribiendo durante la Guerra Civil Inglesa y su mensaje parecía creíble. Pero, por supuesto, los conflictos en sus tiempos no eran el resultado de una sociedad natural, sino más bien del control del propio leviatán. Así que su teoría de la causación estaba sesgada por las circunstancias, equivalentes a ver un naufragio y concluir que el estado natural y universal del hombre es ahogarse.

Y todavía hoy la visión de Hobbes es el elemento común de izquierdas y derechas. Es verdad que los temores son distintos, derivados de distintos tipos de valores políticos. La izquierda nos advierte que, si no tenemos un leviatán, nuestras plazas se verán inundadas por los océanos cuyo nivel aumenta, los grandes empresarios nos robarán sin que nos enteremos, los pobres morirán de hambre, las masas serán ignorantes y todo lo que compremos estallará y nos matará. La derecha nos advierte de que, en ausencia de un leviatán, la sociedad se vendrá abajo en una cloaca de inmoralidad enseñoreada por terroristas morenos que predican una religión herética.

El objetivo tanto de la izquierda como de la derecha es que tomemos nuestras decisiones políticas basándonos en esos temores. No importa tanto qué paquete de miedos se elija, lo que importa es que se apoye un estado que pretende evitar que esa pesadilla no se convierta en realidad.

¿Hay alguna alternativa al miedo? Aquí es donde la cosa se vuelve un poco más difícil. Debemos imaginar de nuevo que la propia libertad puede funcionar. Debemos estudiar las ciencias de la acción humana para volver a aprender lo que entendían Juan de Mariana, John Locke, Thomas Jefferson, Thomas Paine, Frédéric Bastiat, Ludwig von Mises, F.A. Hayek, Henry Hazlitt, Murray N. Rothbard y toda la tradición liberal.

Lo que sabían era el gran secreto de la historia: la sociedad contiene en sí misma la capacidad de autogestión y no hay nada que pueda hacer el gobierno para mejorar los resultados de la asociación voluntaria, el intercambio, la creatividad y las decisiones de cada miembro de la familia humana.

Si conocéis esta lección, si creéis esta lección, sois parte de la gran tradición liberal. Sois también una amenaza para el régimen, no solo de este en el que vivimos actualmente, sino de todos los regímenes de todo el mundo, en todo tiempo y lugar. De hecho, el mayor garante de la libertad es toda una población que sea una amenaza incansable y diaria para el régimen, precisamente porque ha abrazado el sueño de la libertad.

El mejor y único lugar para empezar es uno mismo, la única persona que en definitiva podemos controlar. Y creyendo en la libertad podemos hacer la mayor contribución posible a la civilización. Después de eso, no hay que perder ninguna oportunidad de decir la verdad. A veces, pensar lo impensable, decir lo indecible, enseñar lo inenseñable, pues eso es lo que hace la diferencia entre servidumbre y dulce libertad.

El título de esta charla es «La visión misesiana». Esa era la visión de Ludwig von Mises y Murray N. Rothbard. Es la visión del Instituto Mises. Es la visión de todo intelectual disidente que se atreva a enfrentarse al despotismo, en cualquier época.

Os animo a entrar en la gran lucha de la historia y aseguraros de que vuestro tiempo en la tierra se dedica a algo realmente importante. Es esta lucha la que define vuestra contribución a este mundo. La libertad es el mayor de los dones que podéis entregaros a vosotros mismos y a toda la humanidad.

Capítulo 10

LAS PROMESAS DE *LA ACCIÓN HUMANA**

En un memorando de 1949 de Yale University Press, el departamento de publicidad expresaba su sorpresa por las rápidas ventas de *La acción humana* de Ludwig von Mises. ¿Cómo podía un libro tan denso, caro para lo habitual en esos tiempos, escrito por un economista sin un puesto de enseñanza de prestigio ni ninguna reputación notable en absoluto en Estados Unidos y publicado en contra de la opinión de muchos de los miembros del consejo académico de Yale, venderse tan rápidamente que serían necesarias una segunda y tercera edición en solo unos pocos meses?

Imaginad lo sorprendida que estaría esta misma gente si descubriera que la primera edición, reimpresa 50 años después como la Edición del Investigador de *La acción humana*, se vendería igual de rápido.

¿Cómo podemos explicar el continuo interés por este libro? Es sin duda el tratado científico más importante sobre asuntos humanos que apareció en el último siglo. Pero, dado el estado de las ciencias sociales y la atemporalidad de la aproximación de Mises a la economía, creo que tendrá un impacto aún mayor en el siglo actual. De hecho, cada vez está más claro que este es un libro que hace época.

---

* 3 de diciembre de 2010.

127

La acción humana apareció en medio de agitaciones ideológicas y políticas. Acababa de terminar la guerra mundial y Estados
Unidos estaba tratando de reordenar la política europea con un
nuevo experimento de ayuda exterior global. La Guerra Fría
estaba empezando.

Prácticamente de la noche a la mañana, Rusia pasó de aliado
a enemigo: una sorprendente transformación, considerando
que Rusia no había cambiado mucho. Había sido un campo
de prisioneros desde 1918 y sus mayores avances imperiales
habían tenido lugar con la completa complicidad de FDR. Pero
para sostener la planificación económica en tiempo de guerra
en Estados Unidos y todo el gasto que conllevaba resultaba necesario que Estados Unidos encontrara otro enemigo exterior.
En 1949, Estados Unidos empezó a luchar contra el socialismo
en el exterior, imponiéndolo en el interior.

De hecho, este mismo día hace 50 años, la vieja idea de la sociedad liberal desaparecía, aparentemente para siempre. Era una
reliquia de una época lejana e indudablemente no un modelo para
una sociedad industrial moderna. El futuro estaba claro: el mundo
se dirigiría hacia la planificación pública de todos los aspectos de
la vida, alejándose de la anarquía de los mercados. Con respecto
a la profesión económica, la escuela keynesiana no había llegado
todavía a su apogeo, pero estaba a punto de producirse.

La teoría socialista cautivó a la profesión hasta el punto de
que se pensaba que Mises y Hayek habían perdido el debate sobre si el socialismo era económicamente posible. Los sindicatos
habían recibido un revés con la Ley Taft-Hartley, pero tendrían
que pasar muchos años antes de que tuviera lugar la drástica
disminución de sus afiliados. En la universidad, se estaba edu-
cando a una nueva generación para que creyera que FDR y la
Segunda Guerra Mundial nos salvaron de la Depresión y que
no había límites a lo que pudiera hacer el estado. La dirección
del país era un régimen caracterizado por la reglamentación en
la vida intelectual, social y política.

La acción humana apareció en este escenario, no como una
educada sugerencia acerca de que el mundo tendría otro aspecto

ante las ventajas de la libre empresa. No, era una declaración sólida e inflexible de pureza teórica que iba completamente en contra de la opinión prevaleciente. Más aún: Mises se atrevía a hacer lo que estaba completamente pasado de moda entonces y ahora, que es crear un sistema completo de pensamiento desde su base. Incluso los antiguos alumnos de Mises se quedaron asombrados por la rotundidad de sus argumentaciones y la pureza de su postura. Como ha explicado Hans Hoppe, parte de la sorpresa con que se recibió el libro se debía a su integración completa de filosofía, teoría económica y análisis político.

Al leer *La acción humana*, lo que se ve no es un comentario apresurado sobre las vicisitudes del momento, sino una argumentación teórica prístina que parece alzarse por encima de todo. Es verdad que Mises se ocupa de los enemigos de la libertad en estas páginas (y que resultan ser los mismos enemigos de la libertad que nos rodean hoy). Pero es mucho más notable la manera en la que es capaz de alejarse de la brusquedad de los acontecimientos cotidianos y de escribir un libro que replantea y desarrolla una ciencia pura de la lógica económica, desde la primera a la última página. No contenía ninguna palabra o frase pensada para apelar a las inclinaciones del mundo que le rodea. Por el contrario, trataba de hacer un alegato que trascendiera su generación.

Para apreciar lo difícil que es esto para un escritor, es útil echar la vista atrás a ensayos que podamos haber escrito el año pasado o hace diez años. Muy a menudo, tienen todos el aire de su tiempo. Si alguno ha sido capaz de escribir algo que pueda mantenerse cinco años después, no digamos cincuenta, debería estar extremadamente contento de su logro. Y aun así Mises creó un libro de mil páginas sobre política y economía que no parece anticuado en absoluto, o al menos ese era el consenso de los estudiantes que tuvimos recientemente en nuestras aulas para releer toda la obra.

Pensad en la *Economía* de Samuelson, que se publicó por primera vez en 1948. No es casualidad que esté en su 16ª edición. Ha tenido que actualizarse continuamente para corregir las teorías y modelos que los acontecimientos hacían anacrónicos en solo unos pocos años. Incluso en 1989 el libro estaba prediciendo que los soviéticos sobrepasarían a Estados Unidos en producción en unos pocos años. No hay que decir que hubo que quitar eso. El año pasado, un editor publicó la primera edición como una especie de pieza de museo, igual que podría reproducirse una vieja grabación fonográfica. En todo caso, no se vendió muy bien.

Por cierto, cuando John Kenneth Galbraith reseñó *La acción humana* en el *New York Times*, lo calificó como un buen ejemplo de nostalgia intelectual. Interesante. ¿Alguien lee hoy los libros de Galbraith por alguna otra razón? Nuestro propósito al republicar la primera edición, por el contrario, no era la nostalgia: era presentar a una nueva generación lo que significa pensar con claridad acerca del problema del orden social. Seguimos teniendo que aprender mucho de Mises.

Creo que tenemos que reflexionar sobre lo que supuso personalmente para Mises escribir el libro. Había sido arrancado de su patria y buena parte de su amada Europa estaba en ruinas. Sobrepasada la mitad de su vida, Mises tenía que empezar de nuevo, con un nuevo idioma y un nuevo hogar. Le habría sido muy fácil mirar al mundo a su alrededor y concluir que la libertad estaba condenada y que su vida había sido un desperdicio.

Tratad de imaginar el valor intelectual que le hizo falta para sentarse y escribir, como hizo, una apología completa de la vieja causa liberal, dándole una base científica, luchando contra todos los enemigos de la libertad y acabando este enorme tratado con una llamada al mundo entero para que cambiara el rumbo que seguía entonces a otro completamente nuevo.

A veces me acusan de tener una devoción excesivamente pía hacia el hombre Mises, pero es imposible no advertir, entre el matorral de su densa argumentación, que era asimismo un personaje único en la historia de las ideas, un hombre con una valentía y un coraje poco comunes.

Cuando homenajeamos a *La acción humana* en este importante aniversario de la publicación del libro, debemos también homenajear el espíritu luchador que le llevó a escribirlo en primer lugar y a verlo a través de su milagrosa publicación.

¿Cuáles han sido la tendencias políticas y económicas que han pasado en los últimos cincuenta años? El auge de las nuevas tecnologías, cuya existencia se explica mejor a través de una teoría misesiana. El colapso de la Unión Soviética y sus estados satélites, por las razones explicadas en este libro. El fracaso del estado del bienestar, también anunciado en estas páginas. La extendida decepción por los resultados de los métodos positivistas en las ciencias sociales, también tratados aquí.

De hecho, si observamos el fracaso del estado del bienestar, la persistencia del ciclo económico, la hiperinflación en Asia, el desplome de las divisas en Sudamérica, los beneficios que hemos conseguido con la desregulación en nuestro propio país y la catástrofe de los planes de seguridad social, veremos que todos y cada uno de ellos se tratan y predicen en *La acción humana*. Repito: todos se explican en términos de principios atemporales.

Pero ninguno de estos casos alude a la que considero la tendencia más estimulante de nuestro tiempo: el declive del estatus moral e institucional del propio estado central. Muy a menudo en la prensa actual, los especialistas denuestan el auge del cinismo y el sentimiento contrario al estado entre la gente. ¿Pero qué significa esto en realidad? Indudablemente, no que la teoría misesiana vaya a captar la atención de las masas. Estamos muy lejos de eso. Lo que denuestan es el fin del antiguo régimen intelectual y político que estaba surgiendo cuando se publicó el libro de Mises en 1949 y se ha estado viniendo abajo al menos desde 1989.

No se muestra el mismo nivel de respeto que en aquellos días por los líderes de Washington. La implicación en la política o el servicio civil no se valora tanto. En esos tiempos, el estado conseguía a los mejores y los más brillantes. Hoy acoge a los que no tienen otra perspectiva de empleo. El sector público no es el lugar en el que buscar banda ancha. Además, ya casi nadie cree que los planificadores centrales sean capaces de milagros y la gente tiende a desconfiar de quienes afirman lo contrario.

La retórica política actual debe considerar la iniciativa privada para la mejora de los mercados y reconocer el fracaso del estado.

Hay excepciones. Está la campaña de Bill Bradley, que, por lo que entiendo, abunda en la idea de que Clinton ¡ha recortado demasiado el gasto! Y están los conservadores del *Weekly Standard*. En el número de la semana pasada reclamaban algo nuevo: lo que han llamado «Conservadurismo de una nación». La idea es combinar el estatismo nacional conservador de George W. Bush con el estatismo conservador en política exterior de John McCain. Es lo que podría llamarse la política de lo peor de todos los mundos.

Toda esta aproximación no está de acuerdo con la idea central del tratado de Mises: que la realidad impone límites a lo expansiva que puede ser nuestra idea del gobierno. Podemos soñar todo lo que queramos con las glorias de una sociedad sin libertad, pero no importa lo impresionante que sea el plan sobre el papel, no pueden alcanzarse en el mundo real porque el comportamiento economizador requiere, esencialmente, propiedad privada, que es la base institucional de la civilización.

El gobierno es el enemigo de la propiedad privada y por esa razón se convierte en el enemigo de la civilización cuando trata de llevar a cabo todo lo que no sean sus funciones más estrictas. E incluso en este caso, dice Mises, si es posible permitir a los ciudadanos una libertad completa del estado, debería hacerse así.

La gente no estaba lista para ese mensaje entonces, pero está más lista hoy, porque vivimos en tiempos en los que el gobierno habitualmente confisca la mitad o más de los beneficios asociados con el emprendimiento y el trabajo. La política incluye 100.000 grupos de presión que tratan de echar mano al saqueo.

¿Por qué tendría alguien que creer que sería una buena idea extender el sistema?

Dejadme que os lea la justificación de este Conservadurismo de una nación. Inspiraría a la gente a lanzarse a lo que llaman servicio público. El servicio público tiene cuatro méritos a su entender: «obliga a la gente a desarrollar un juicio más amplio, un sacrificio por el bien superior, a escuchar la llamada del deber y a mantenerse firme en sus creencias».

Son todos rasgos deseables. Pero no consigo ver qué tienen que ver con la política. Una sociedad politizada tiende más bien a producir lo contrario: juicios estrechos, egoísmo, tejemanejes y negociación bajo cuerda. Y eso en el mejor de los casos.

¿Quiénes son hoy los verdaderos visionarios? Son los desarrolladores de software, los empresarios de comunicación, los intelectuales con mentalidad libre, los que educan a sus hijos en casa, los editores que toman riesgos y los emprendedores de cualquier tipo que dominan el arte de servir al público mediante la excelencia y de hacerlo a pesar de todos los obstáculos que pone el estado en su camino.

Los verdaderos visionarios son hoy las personas que continúan luchando por llevar vidas normales (criar hijos, conseguir una buena formación, construir barrios saludables, crear arte y música bellos, innovar en el mundo de los negocios…) a pesar de los intentos del estado de distorsionar y destruir la mayoría de lo que es grande y bueno en nuestro mundo actual.

Uno de los grandes errores retóricos de los tiempos de Mises y de los nuestros ha sido invertir el sentido del servicio público y privado. Como señalaba Murray Rothbard, el servicio privado implica que tu comportamiento y tu motivación no sirve a nadie sino a ti mismo. Si queréis un ejemplo, daros una vuelta por las oficinas de algún lugar de la burocracia de Washington.

El servicio público, por el contrario, implica un sacrificio voluntario de nuestros intereses por el bien de otros y os comento que esta es la característica más ignorada de una sociedad libre. Ya sean los empresarios sirviendo a sus clientes, padres sirviendo a sus hijos, maestros sirviendo a sus alumnos, pastores sirviendo a sus fieles o intelectuales sirviendo a la causa de la verdad y la sabiduría, en ellos encontramos una auténtica ética pública y una verdadera amplitud de juicio: es en la relación voluntaria de la acción humana donde encontramos la llamada del deber en acción. Es aquí donde encontramos a gente peleando por sus creencias. Es aquí donde encontramos el verdadero idealismo.

Mises tenía la firme convicción de que las ideas, y solo las ideas, pueden producir un cambio en el rumbo de la historia. Por esta razón, fue capaz de completar su gran libro y llevar una vida heroica a pesar de todos los intentos por silenciarle.

Los seguidores intelectuales de Mises en nuestro tiempo muestran estos rasgos y nos inspiran todos los días con su aproximación innovadora, ejemplar y radical para rehacer el mundo de las ideas. En su trabajo para el *Quarterly Journal of Austrian Economics*, en sus libros y en su enseñanza vemos cumplidos los ideales de Mises.

En un mal momento de su vida, Mises se preguntaba si no se había convertido en nada más que un historiador de una decadencia. Pero recordó rápidamente su lema de Virgilio: «No renuncies ante el mal, sino combátelo con más fuerza». Con *La acción humana*, Mises hizo precisamente eso. Iba a morir aproximadamente en el momento en que Nixon abandonaba el patrón oro e imponía controles de precios y salarios, entre las alabanzas de los republicanos. No vivió para ver lo que vemos ahora (nada menos que la descomposición sistemática de la empresa estatista de nuestro siglo), pero si previó que no se había perdido la esperanza en el florecimiento de la libertad humana. Debemos estarle todos agradecidos por esa gran virtud de la esperanza.

Dejadme que diga también lo agradecido que estoy a todos los implicados en la producción de la edición para investigadores en su 50º aniversario, desde los miembros de nuestra facultad a nuestro personal. Hoy Mises sonríe.

Capítulo 11

EL LEGADO DE ROTHBARD*

Los homenajes a Murray N. Rothbard a menudo incluyen una lista de sus logros. Como era tan asombrosamente prolífico parece como si hubiera habido muchos investigadores con ese nombre.

Tan pronto como lo describimos como economista, recordamos que escribió unos diez grandes volúmenes sobre historia. Pero si le describimos como historiador, enseguida recordamos que hizo grandes contribuciones a la filosofía política. Pero tan pronto como empezamos a hablar de su libertarismo, volvemos a recordar que escribió una enorme cantidad de teoría económica técnica.

Pasa lo mismo con los lugares en que decidió escribir. Si vemos la lista de sus publicaciones académicas, que es grande y extensa, podemos olvidar fácilmente que escribió constantemente y durante 50 años en periódicos populares de todo tipo, comentando sobre política, cine, cultura, deportes y cualquier otro asunto popular.

El problema empeora cuando consideramos las partes principales de su legado. Dejadme enumerar solo unas pocas:

- Fue el economista que sirvió de puente entre Mises y la Escuela Austriaca moderna a través de su influencia

---

* 8 de junio de 2010.

personal, artículos y especialmente mediante *El hombre, la economía y el estado*, que apareció en 1962.

- Desarrolló el sistema misesiano en las áreas de economía del bienestar, teoría de la producción, banca y teoría del monopolio y las reunió junto con una teoría de los derechos naturales derivada del pensamiento medieval e ilustrado.
- Fue el pionero de la teoría libertaria que finalmente ligó el principio de los derechos de propiedad a un principio político coherente de no agresión.
- Fue el teórico antibelicista que insistió en que la causa de la paz es inseparable del sueño de la prosperidad.
- Recuperó de la oscuridad a la escuela estadounidense de moneda fuerte del siglo XIX e incluyó sus contribuciones en la teoría bancaria moderna.
- Demostró los orígenes libertarios de la Revolución Americana con el más detallado análisis de las huelgas fiscales y la preeminencia de la teoría liberal durante el periodo colonial.
- Explicó el trastorno ideológico que afectó a la derecha estadounidense tras la Segunda Guerra Mundial, mostrando la evidente diferencia entre la Vieja Derecha y la Nueva basándose en su actitud ante la guerra.

Por supuesto, esto es solo lo más evidente, pero si continúo, utilizaría demasiadas palabras y me tomaría demasiado tiempo, cuando ahora lo que quiero realmente es explicar los métodos de Rothbard como investigador, escritor y estudioso. También me gustaría destacar su heroísmo.

Un amigo cuenta la historia de un verano en que estaba en el apartamento de Rothbard. Se mencionó la conferencia que iba a dar ese fin de semana y Rothbard lo había olvidado. Rothbard corrió a la máquina de escribir y empezó a escribir. Las palabras le fluían como si todo el escrito ya estuviera en su cabeza.

El resultado fue un escrito de 60 páginas sobre historia y teoría monetaria, con bibliografía y notas al pie. Me contaron la historia igual que se describen los milagros en los Evangelios. Se quedó con la boca abierta del asombro.

La anécdota es estimulante, pero también intimidante para quienes les cuesta tanto conseguir una mínima fracción de este nivel de productividad. Podríamos ver lo que hizo y desanimarnos por no poder jamás igualar su productividad, ni siquiera en un pequeño sector, y mucho menos en todos sus intereses en tantos aspectos de la vida.

Por suerte, no tenemos que hacerlo. El movimiento rothbardiano es hoy internacional. Es vasto. Abarca muchos sectores de la vida. Ha inspirado a historiadores, juristas, filósofos y economistas. Es la inspiración de muchos bloggers, webmasters, editores y ensayistas. También de muchos activistas políticos, programadores de software, cineastas y ensayistas. En un modelo para maestros, pastores, inversores e incluso políticos. Y todo esto es como tendría que ser. Quería cambiar el mundo. Dejó un legado para que millones de personas de toda condición pudieran realizar esa tarea.

Es natural preguntarse qué investigador ha tomado hoy el relevo de Rothbard. Para mí, es una forma errónea de verlo. Rothbard agrandó ese relevo de forma que cientos, miles y millones de personas podrían portarlo. Así se transmiten las ideas. No son cosas finitas que se trasladan solo de un cerebro a otro y allí se quedan; por el contrario, se extienden y duplican infinitamente, cayendo en manos de quien quiera seguirlas. Cuanto más convincente sea la idea, más se extiende y más dura. Es la fuente de poder del paradigma rothbardiano.

Al mismo tiempo todos hacemos bien en imitar su magisterio cuando hacemos nuestro trabajo. Cuando Rothbard se ocupaba de algo, su primer paso no era sentarse en una silla cómoda y dar vueltas a la cabeza, sino ir a los libros, y demostró saber manejarlos. Leía todo lo que podía, desde todos los puntos de vista. Trataba de ser tan experto en un campo como los demás expertos en este.

En otras palabras, el primer paso de Rothbard para escribir era aprender tanto como fuera posible. Nunca dejó de dar este paso en toda su vida. Nunca hubo un punto en que sintiera que sabía todo lo que necesitaba saber. Por mucho que escribiera, siempre se cuidaba de leer aún más.

Si seguimos su modelo, no lo consideraremos una tarea ardua, sino un viaje emocionante. Un viaje a través del mundo de las ideas es más excitante y estimulante que la mejor excursión a las siete maravillas del mundo, más valiente y aventurero que la caza mayor y mucho más memorable que un viaje a la Luna.

Hay otro aspecto en que todos podemos emular a Murray. No tenía miedo a decir la verdad. Nunca permitió que el temor a los colegas, a la profesión, a los editores o a la cultura política detuvieran su camino a su deseo de decir lo que era verdad. Por eso adoptó la tradición austriaca, aunque la mayoría de los economistas de su tiempo la consideraban un paradigma muerto. Por eso abrazó la libertad y trabajó por sostener su lógica teórica y práctica en un tiempo en que el resto del mundo académico seguía el camino opuesto.

Aplicó esta bravura, coraje y heroísmo incluso en su análisis político. Fue un declarado opositor a la nuclearización y militarización de EE.UU. durante la Guerra Fría. Su posición a este respecto le costó ser despedido de muchas publicaciones. Le costó amigos. Le costó apoyos financieros. Dañó sus perspectivas de mejora profesional. Un sorprendente número de sus artículos se escribieron en publicaciones pequeñas, simplemente porque las mayores estaban tomadas por intereses especiales.

Pero el tiempo acabaría revelando que tomó el camino correcto. Cuarenta años de acciones de la derecha a favor de la Guerra Fría se volvieron irrelevantes por los acontecimientos. La obra de Rothbard durante esos años ha aguantado el paso del tiempo. Se ve como uno de los únicos profetas del colapso del socialismo en Rusia y la Europa del Este.

Las decisiones que tomó en vida no estaban hechas para avanzar en su carrera. Eran para avanzar en la libertad y la verdad. Durante muchos años, se le cerraron las publicaciones. No enseñaba en una institución prestigiosa. Sus ingresos eran bajos. Solo muy tarde obtuvo su reconocimiento como pensador y maestro. Pero nunca se quejó. Estaba agradecido por todas y cada una de las oportunidades que le daban para escribir y enseñar. Su legado es ahora parte integrante del mundo de las ideas. La gente que ha tratado de excluirle y ponerle fuera de la historia hoy está casi olvidada.

Llamamos a nuestro programa de esta semana el Seminario Rothbard de Grado. Se centra en su gran obra *El hombre, la economía y el estado*. En la tradición rothbardiana, el objetivo es dar ese muy importante primer paso hacia hacer cualquier contribución al mundo de las ideas: abrir vuestras mentes para aprender. Una vez se ha asimilado el material, el próximo paso es pensar por vosotros mismos y no tener miedo de aceptar la verdad.

No dudo que alguno en esta aula se ocupará de algún aspecto de la economía política rothbardiana en algún momento de su vida, quizá incluso este verano. A nadie le haría más feliz que a Rothbard. Murray adoraba a sus maestros. Adoraba los libros. Más que ninguna otra cosa, quería ser maestro y te dejaba libros para leer, siempre con el objetivo de cambiar el mundo. Le ofrecéis a él y a la causa de la libertad el mayor homenaje haciendo justamente eso.

Capítulo 12

HAZLITT Y KEYNES: VOCACIONES OPUESTAS*

John Maynard Keynes nació en 1883 y murió en 1946. Henry Hazlitt nació en 1894 y vivió mucho más, hasta 1993. Sus vidas y lealtades son un ejemplo de contrastes y de mayoría de decisiones nacidas de convicciones internas, en el caso de Hazlitt, y de la falta de ellas, en el caso de Keynes.

Keynes se convirtió en el economista más famoso del siglo XX y en el extraño gurú cuyo trabajo ha inspirado miles de experimentos económicos fracasados y continúa inspirándolos todavía hoy. Un personaje similar a Svengali que convenció inopinadamente al mundo de que ahorrar es malo, la inflación cura el desempleo, la inversión puede y debe socializarse, los consumidores son bobos cuyos intereses deben desdeñarse y el capital puede hacerse inescaso colocando los tipos de interés a cero, poniendo así de cabeza el duro trabajo de varios cientos de años por parte de los economistas.

Keynes disfrutó de todos los privilegios de la vida y de todo el poder e influencia que pueda tener un intelectual y los usó todos irresponsablemente al servicio del estado.

Hazlitt fue prácticamente su complementario. No provenía de las clases privilegiadas, no disfrutó de un pedigrí educativo prestigioso y no conocía a las personas adecuadas. Llegó de la

---

* 7 de febrero de 2011.

nada y se abrió paso mediante la fuerza bruta del trabajo intelectual y la determinación moral.

Hazlitt acabó convirtiéndose en uno de los grandes portavoces públicos de los mercados libres en el siglo XX, escribiendo en todos los medios populares que pudo y aplicando su enorme talento como pensador y escritor a defender y explicar los mercados libres, mostrando cómo la sabiduría económica clásica fue en verdad enormemente mejorada por los austriacos, cómo la moneda fuerte es esencial para la libertad, cómo funcionan las señales del mercado para lograr la coordinación económica y cómo la política pública es siempre y en todo lugar la enemiga de la libertad y la prosperidad.

El gran libro de Hazlitt, *La economía en una lección*, escrito el año en que muere Keynes, reducía toda la economía a un solo principio y lo aplicaba en todas partes a todas las políticas del gobierno. Es muy claro en su lenguaje y está pensado para que lo lea cualquiera, en un esfuerzo por lograr el sueño de Mises de llevar la sabiduría económica a todos los ciudadanos.

La obra principal de Keynes es la *Teoría general* y la han leído relativamente pocos, principalmente porque es tan incomprensible como si hubiera sido escrita en código. Pero no estaba pensada para todos. Estaba escrita para las élites por un miembro de la clase más elitista de intelectuales del planeta. Es todavía más cierto que fue escrita con vistas a impresionar a las élites de la única manera en que se las puede impresionar: un libro tan complejo y contradictorio que no reclama comprensión, sino ascenso mediante intimidación. Su éxito es una historia notable del embaucamiento de toda una profesión, seguido por la confusión de todo el mundo. Si todavía hay creyentes en lo que Murray Rothbard llamaba la teoría whig de la historia (la idea de que la historia es una larga sucesión de progresos hacia la verdad), el éxito de la *Teoría general* es el mejor alegato en contra de ella.

Sin embargo, si tuviera que apostar sobre qué libro tendrá una mayor longevidad, yo lo haría por el de Hazlitt. Lo mismo digo del gran legado de Hazlitt. Murió sin ser muy famoso. De hecho, sus días de fama quedaron muy atrás, probablemente llegando a su culminación cuando fue editorialista del *New York Times*. Cuando se le dijo que tenía que escribir en defensa del caótico plan de Keynes para Bretton Woods, se negó y se fue. Trece años después, escribiendo como columnista de *Newsweek*, Hazlitt escribió una refutación línea por línea de la *Teoría general* de Keynes. Probablemente sea su mejor obra, la que tenía que escribirse. Fue el único que vio esa necesidad. Continúa enseñándonos hoy y sirve como algo parecido a un manual sobre los errores del gobierno.

Tanto Hazlitt como Keynes empezaron su educación con un intenso interés por la literatura y la filosofía, pero acabaron en la economía. Ambos estaban en disposición de tomar una decisión entre paradigmas teóricos, dado el contenido intelectual y político de sus tiempos. Ambos fueron grandes intelectuales públicos. Ambos se consideraban liberales en el sentido que se usaba esa palabra antes del New Deal, lo que significaba una disposición general a favor de los derechos humanos, el comercio libre y las sociedades abiertas.

En este sentido, Keynes escribió oponiéndose al Tratado de Versalles, que imponía unas durísimas condiciones a Alemania tras la guerra. Estaba a favor de comercio libre y en general se aliaba con esa causa. Tristemente, esa tendencia, que derivaba del amor a la libertad del viejo mundo, era incompatible con la agenda de su vida, a la que creía que tenía derecho por nacimiento. Esa agenda era gobernar el mundo a través de medios intelectuales en virtud de relaciones con los poderosos. Esa humildad esencial que estaba en el núcleo de la profesión económica del siglo XIX (la humildad de adoptar el laissez faire principio como principio) estaba completamente ausente de su cabeza.

Keynes nació como miembro de la élite gobernante de Gran Bretaña. Su padre, John Neville Keynes, y el buen amigo de su padre, Alfred Marshall, eran personajes muy importantes de la Universidad de Cambridge. Le protegieron y le presentaron las personas adecuadas y llegó el momento en que fue iniciado en la sociedad secreta de superélite de los principales intelectuales del mundo angloparlante. Al grupo se le llamaba los «Apóstoles» y este sería el grupo que daría forma a sus ideas y su visión de la vida. El grupo se había formado en 1820 e incluía a miembros muy importantes de la clase dirigente británica. Se reunían todos los sábados sin falta y pasaban la mayor parte del resto del tiempo de la semana juntos. La membresía era de por vida.

Es imposible exagerar la extraordinaria arrogancia intelectual de este grupo. Se referían a sí mismos como lo único que era verdaderamente *real* en un sentido kantiano, mientras que el resto del mundo era una ilusión. Keynes, cuando era universitario, escribía lo siguiente a un compañero:

> ¿Es monomanía la colosal superioridad moral que sentimos? Tengo la sensación de que la mayoría del resto [del mundo fuera de los Apóstoles] nunca ve nada en absoluto: son demasiado estúpidos o demasiado malvados.

En los tiempos de Keynes, según quienes han estudiado esto cuidadosamente, los Apóstoles estaban dominados por una ética que incluía dos rasgos generales: primero, que la relación que mantenía unido al mundo y lo impulsaría era la amistad y el amor que los Apóstoles tenían entre sí y que no había otros principios que importaran realmente y, segundo, un intenso desdén por la religión y los valores, instituciones, ideas y gustos burgueses.

Fue en este periodo cuando Keynes conoció a G.E. Moore, un filósofo de Trinity y miembro de los Apóstoles. Su obra maestra se llamaba *Principia Ethica* y se publicó en 1903. Era un ataque del filósofo contra todos los principios fijos y una defensa del inmoralismo. Fue el libro que cambió completamente la vida de Keynes. Lo calificó como «apasionante, vivificante, el inicio de un nuevo renacimiento, el inicio de un nuevo cielo en la tierra». Fue este libro el que le llevó a creer que era posible rechazar completamente la moralidad, las convenciones y todas las tradiciones. Podría incluso considerarse una especie de prototipo de toda su obra posterior.

Los mismos valores se trasladaron al famoso Grupo de Bloomsbury, al que se unió Keynes tras su graduación. Como han dicho muchos historiadores del periodo, fue la fuerza cultural e intelectual más influyente de Inglaterra en las décadas de 1910 y 1920. No se centraban en la ciencia, sino en el arte y en el abandono de los patrones victorianos para adoptar la vanguardia. La contribución de Keynes a sus esfuerzos fue principalmente financiera, pues había ganado una fortuna en la especulación y gastaba con generosidad en las causas de Bloomsbury. También conseguía contactos en el mundo de las finanzas y la economía.

Al explicar cómo se aplican el inmoralismo y la falta de principios a la economía, Rothbard dirige la atención a la postura de Keynes sobre en libre comercio. Como buen marshalliano, la defendió durante la mayoría de su primer periodo de vida pública. Repentinamente en 1931, todo eso cambiaba con un trabajo en el que reclamaba ruidosa y agresivamente proteccionismo y nacionalismo económico, todo lo contrario de lo que había dicho hasta entonces. La prensa se burló de él por este cambio, pero eso nunca preocupó a Keynes, pues, como Apóstol y defensor del inmoralismo, consideraba que no había ninguna contradicción digna de mención. Creía que podía adoptar cualquier postura que quisiera sobre un problema y podía pasarse la vida desligado de cualquier patrón o norma. Siempre estaba dispuesto a cambiar de opinión según la nueva disposición de las constelaciones políticas y no sentía ninguna obligación de dar explicaciones.

Fue precisamente por esta tendencia a cambiar su punto de vista en un momento por lo que los críticos se hartaron de tratar con él. Hayek dedicó mucho tiempo a tratar de refutarle en varios temas, especialmente el libro de Keynes sobre dinero, consiguiendo solo que el propio Keynes rechazara las críticas diciendo que ya no tenía esas opiniones. Alababa a FDR y reclamaba que todos los gobiernos siguieran el New Deal. Pero cuando se le preguntaba por detalles de programas con la Ley de Recuperación Industrial Nacional, se retractaba y reconocía que estaba mal concebida. Su oportunismo era palpable e irritante.

Al agravarse la Depresión, empezó a verse como el rey filósofo de la comunidad económica mundial, aconsejando a los gobiernos sobre sus políticas.

Su principal objetivo fue el patrón oro, que consideraba una reliquia de una época ya pasada, el símbolo último del victorianismo, la encarnación monetaria de la moralidad y los patrones, una limitación sobre la capacidad del gobierno para intervenir en la economía y, por tanto, desde este punto de vista, el enemigo definitivo de todo lo que esperaba lograr. Había escrito tiempo atrás que «Una preferencia por una moneda tangible de reserva es una reliquia de un tiempo en el que los gobiernos eran menos dignos de confianza en estos asuntos de lo que son ahora». Por supuesto, lo que quería decir es que, con él al timón, el oro no solo sería innecesario, sino que sería un impedimento para las ambiciones de los economistas.

Así llegamos a la *Teoría general* que apareció en 1936. Dejadme que presente este libro con una pregunta. ¿Cómo llamaríamos a una persona que creyera que la política pública puede eliminar completamente la escasez de capital? La mayoría de los economistas de la historia e incluso hoy llamarían a esta persona un chalado. El único problema económico contra el que lucha con seriedad la teoría económica se refiere a la inevitable realidad de la escasez de capital. La idea de que de alguna forma se pueda idear un sistema equivale a creer que el gobierno pueda crear una utopía permanente pulsando unos pocos botones. No es algo muy distinto a creer en algún tipo de territorio mágico de fantasía. Representa un fracaso esencial en el entendimiento de la realidad.

Y aun así, esto es precisamente lo que Keynes esperaba lograr mediante sus recetas políticas en la *Teoría general*. Su idea era crear este país de felicidad universal:

1. Llevando el tipo de interés a cero y así
2. Lograr la buscada «eutanasia de la clase rentista», es decir, la eliminación de la gente que vive del interés y así

3. Eliminar lo que consideraba que eran los aspectos explotadores del capitalismo, que recompensa a los inversores por sus sacrificios.

Como escribía Keynes, llevar el tipo de interés a cero significaría

> la eutanasia de del poder opresivo acumulado del capitalista para explotar la escasez de valor del capital. El interés hoy no recompensa un verdadero sacrificio, y tampoco las rentas de la tierra. (…) no hay ninguna razón intrínseca para la escasez de capital. Una razón intrínseca para esa escasez, en el sentido de un verdadero sacrificio que solo puede producirse por la oferta de una recompensa en forma de interés, no existiría a largo plazo. (…) Por tanto, creo que el aspecto rentista del capitalismo es una fase de transición que desaparecerá cuando haya cumplido con su función.

Como podéis ver, Keynes era mucho más extremista en sus opiniones que la forma en que nos lo presentan generalmente los medios de comunicación. Y la terrible situación en la que nos encontramos hoy, en la que el ahorro prácticamente no te hace ganar nada y la Fed mantiene los tipos en cero a perpetuidad, parece ser el cumplimiento de lo peor del sueño keynesiano.

Respecto de las contribuciones del libro a la teoría, Rothbard escribe que

> La *Teoría general* no fue verdaderamente revolucionaria en absoluto, sino solo mentiras mercantilistas e inflacionistas viejas y a menudo refutadas, revestidas con un brillante vestido nuevo, complementadas con una jerga recién creada y en buena parte incomprensible.

Mises señalaba además que incluso las ideas viejas y refutadas de Keynes ya llevaban tiempo por ahí:

La *Teoría general* de Keynes de 1936 no inauguró una nueva era de políticas económicas, sino que más bien señaló el fin de un periodo. Las políticas que recomendaba Keynes estaban por entonces muy cercanas en el tiempo al momento en que sus consecuencias inevitables serían evidentes y su continuidad sería imposible.

Lo que les faltaba a las malas políticas económicas era un economista de prestigio que acudiera a su defensa y este fue precisamente el papel que desempeñó la *Teoría general*. Los gobiernos de todo el mundo dieron la bienvenida y alabaron el libro. Con respecto al éxito del libro dentro de la propia economía, hay importantes razones sociológicas a considerar. El lenguaje de Keynes era casi impenetrable. Acuñaba nuevos términos en casi todas las páginas. En lugar de ser una desventaja, esto es a menudo una ventaja en una profesión que ha perdido el rumbo.

Keynes dividía el mundo en dos grandes clases de personas: los consumidores estúpidos, cuyo comportamiento está determinado por fuerzas externas, y los ahorradores, que son una rémora para el crecimiento económico. La tarea de la política pública es incitar al primer grupo a tener comportamientos distintos y en general destruir el segundo grupo. Todo lo demás en el sistema keynesiano deriva de estas dos proposiciones generales. De ahí su odio al patrón oro, el capitalismo tradicional y el sistema de precios, que funciona como mecanismo de señales para la producción y asignación de recursos.

También explica por qué Keynes fue uno de los más apasionados defensores mundiales del auge del impulso fascista en la década de 1930. Alabó el «espíritu emprendedor» de Sir Edward Mosley, el fundador del fascismo británico. Se unió al *New York Times* en la alabanza de la planificación centralizada de Mussolini. Así que no es sorprendente que Keynes escribiera un prólogo para la edición alemana de su libro en 1936, después de que los nazis llegaran al poder. Decía que su libro era más fácil de adaptar «a las condiciones de un estado totalitario» que a la libre competencia y el laissez faire. Tampoco debería sorprender que Keynes también se aventurara en el antisemitismo, alabando incluso diatribas antijudías del primer ministro Lloyd George y su ataque público brutal contra el ministro judío francés de finanzas, Louis-Lucien Klotz.

Un aspecto desconcertante de la universidad es cómo un sector que vive de su reputación de objetividad y amor por la ciencia puede ser tan fácilmente embaucado por charlatanes y el éxito de este libro es un muy buen ejemplo. La mayoría de los economistas de más de 50 años rechazó el libro, pero los más jóvenes lo consideraron una especie de revelación que las daba una ventaja en la carrera por encima de los mayores. El prestigio personal de Keynes tuvo mucho que ver con esto.

Como escribía Rothbard:

> Se puede decir con seguridad que si Keynes hubiera sido un profesor desconocido de economía en una pequeña univer-sidad del Medio Oeste de Estados Unidos, su obra, en el im-probable caso de que hubiera encontrado siquiera un editor, habría sido completamente ignorada.

Pero al provenir de un catedrático de Cambridge y alumno de Marshall, Keynes tuvo enormes ventajas.

El magnetismo de Keynes era tan poderoso que incluso arras-tró a la mayoría de los antiguos seguidores de F. A. Hayek, que estaba entonces enseñando también en Londres. La más trágica fue la conversión de Lord Robbins a la causa keynesiana. Rob-bins había escrito un gran libro sobre la Gran Depresión, que el Instituto Mises sigue publicando hoy. Está escrito siguiendo íntegramente la inspiración misesiana. Pero después de haber trabajado con Keynes en planificación económica durante la guerra, Robbins cayó víctima de su carisma personal, escri-biendo posteriormente sobre la brillantez «sobrenatural» de Keynes y su estatura personal «digna de un dios». Escribió que Keynes «debe ser uno de los hombres más notables que haya vivido nunca». Robbins acabó repudiando su mejor libro, solo recuperando posteriormente la sensatez.

Hayek escribió muchas veces que el propio Keynes, antes de morir, estuvo a punto de repudiar lo que se había convertido en el sistema keynesiano. Se basaba en la reseña positiva de Keynes de *Camino de servidumbre* de Hayek, así como en las conversaciones privadas del propio Hayek con Keynes.

Al analizar las evidencias, Rothbard concluyó que esa conversión no iba a producirse, sino que era Keynes haciéndose el keynesiano: trasladándose, moviéndose, esquivando y cambiando, sin seguir ningún patrón ni principio ni moral. Creería cualquier cosa y diría cualquier cosa y haría cualquier cosa para promocionarse y poner a su clase de técnicos al frente de la economía mundial. Es notable que, después de pasarse toda la vida escribiendo, sus opiniones fueran todavía tan difíciles de entender que incluso Hayek pudiera creer, aunque fuera brevemente, que había una pizca de sinceridad en las palabras o acciones de este hombre.

Comparar su vida y obras con las de Henry Hazlitt es como comparar la noche y el día. Hazlitt nunca gozó de un puesto académico, no tenía relaciones familiares y nunca tuvo formación formal en economía., pero era una persona que trabajaba muy duro y que leía apasionada y extensamente, llevando a cabo una carrera extraordinaria por sí mismo, dado que se vio obligado a abandonar la escuela para ayudar a su madre viuda. Leía en su tiempo libre: Mill, Aristóteles, Nietzsche, Gibbon y todo lo que cayera en sus manos y escribía largos diarios sobre sus pensamientos sobre su obra. En todos sus estudios mostraba una visión pasada de moda de su objetivo: descubrir la verdad, como medio para guiar su vida y sus opiniones.

Además, también trabajaba. Sus primeros empleos se produjeron en rápida sucesión y duraron solo unos pocos días. En cada uno de los empleos adquiriría un poco más de conocimiento del que tenía, antes de ser despedido por falta de capacidad. Tened en cuenta que esto pasaba mucho antes del salario mínimo y otras intervenciones. Su salario medio aumentaba una poco en cada empleo: 5$ semanales, 8$ semanales, 10$ y 12$ semanales. Finalmente se abrió paso convirtiéndose en reportero en el *Wall*

Street Journal. Se le pagaba 75 centavos por cada artículo y pronto se hizo imprescindible en la plantilla.

Fue en 1910 cuando recibió su primera influencia real en economía con el gran libro de Philip Wicksteed, *The Common Sense of Political Economy*. Es el libro que le colocaría firmemente en una perspectiva clásica y marginalista en temas económicos y le impidió abandonarla. También estaba probando sus habilidades como escritor. Es verdad que consiguió publicar su primer libro con 22 años: *Thinking as a Science*. El Instituto Mises sigue manteniendo este libro impreso y sigue siendo uno de los libros más inspiradores e instructivos escritos nunca sobre la autoeducación y la obligación de aprender.

El libro empieza así:

> Todo hombre sabe que hay males en el mundo que tienen que resolverse. Todo hombre tiene ideas bastante definidas acerca de cuáles son estos males. Pero para la mayoría de los hombres uno en concreto destaca enormemente. De hecho, para algunos, destaca con una viveza tan clara que pierden de vista los demás males o los ven como la consecuencia natural de su particular mal superior. (…) Yo también tengo mi pequeño mal favorito, al cual en los momentos más apasionados soy capaz de atribuir todos los demás. El mal es el de no pensar. Y cuando digo pensar me refiero al pensamiento real, al pensamiento independiente, al pensamiento puro y duro.

Aquí tenemos el tono y la aproximación de un hombre íntegro, con integridad *intelectual*, un hombre decidido a encontrar su camino a la verdad. Todo el libro se lee así. Me sorprende particularmente su análisis de por qué algunas personas se aferran al error y no renuncian a él. Podría estar describiendo la seducción de la profesión económica por parte de Keynes.

En este pasaje de este libro que escribió con 22 años habla del prejuicio que afecta especialmente a los intelectuales: su propensión a imitar las ideas que parecen estar de moda en ese momento.

> Estamos de acuerdo con otros, adoptamos las mismas opi-
> niones que la gente que nos rodea, porque tenemos miedo
> a mostrarnos en desacuerdo. Tenemos miedo a llevar una
> ropa diferente. De hecho, este paralelismo entre el estilo en el
> pensar y el estilo en el vestir parece bastante sólido. Igual que
> tememos parecer distintos de la gente que nos rodea porque
> nos considerarían extravagantes, también tememos pensar de
> manera distinta porque sabemos que nos verían como raros.

Recuerda una conversación que había tenido con un intelectual en la que planteó algo que había dicho Herbert Spencer. Esa
persona reculó y dijo que sin duda las ideas de Spencer se habían
superado. Hazlitt descubrió que esta persona nunca había leído
a Spencer y no tenía absolutamente ni idea de lo que realmente
creía Spencer sobre nada. Está claro que Hazlitt, como la mayoría
de la gente no académica, tenía una tendencia a tener mayores
expectativas sobre la integridad de las clases intelectuales de la
que merecían entonces o ahora.

Sin embargo, condena la tendencia a asimilar sin crítica las
ideas prevalecientes, considerando esto como algo insensato,
como una vía para hacer que la vida no tenga sentido.

> Me atrevo a decir que la mayoría de estas mismas personas
> que ahora expresan tantos ditirambos en alabanza de James,
> Bergson, Eucken y Russell en veinticinco años no se atreve-
> rán mencionar esos nombres y se dedicarán solo al post-neo-
> futurismo o lo que quiera que resulte ser la novosofía pasajera
> del momento.

Continúa contando lo que pudo haber sido el credo de su
vida.

> La forma más prevalente de prejuicio es también la más difícil
> de evitar. Requiere valentía moral. Requiere el tipo más raro
> de valentía moral. Requiere tanta valentía que un hombre
> exponga y defienda una idea opuesta a la que está de moda

como para un hombre de ciudad vestirse de invierno en un día abrasador o para una joven ir a una fiesta con un vestido del año pasado. El hombre que posea esta valentía moral está más bendecido que los reyes, pero debe pagar el temible precio del ridículo y la burla.

Tras la inactividad durante la guerra, volvió a trabajar en la revista y reanudó sus lecturas, siguiendo las notas a pie de página hacia libros cada vez más importantes. Siguió las notas en un libro de Benjamin Anderson para descubrir *La teoría del dinero y del crédito* de Mises. Se enamoró de la economía de la misma forma que la mayoría de nosotros. Amaba su elegancia, su poder explicativo, su amor implícito por la libertad y su papel esencial en el auge de la civilización. Pero no era solo amor. Leyó también ampliamente sobre literatura y arte y encontró un mercado para su talento en esta área. Pasó de un trabajo a otro hasta que consiguió un puesto como editor literario en *The Nation*, que era conocida como una publicación liberal, pero no estatista.

Era para él un puesto de gran prestigio, aceptado en un periodo que resultaría ser un importante punto de inflexión en la historia de nuestra nación y también en su vida. En 1932, después de la elección de FDR, el semanario empezaría a valorar diversos aspectos de la política del New Deal. La creencia en la verdad estaba en la constitución interna de Hazlitt, lo que le llevó a escribir en estas páginas lo que pensaba sobre la política de FDR. Escribía acerca de la causa real de la Gran Depresión, que no veía como un fallo del capitalismo, sino como una corrección de una burbuja alimentada por el crédito. La propia *The Nation* no estaba todavía firmemente atrincherada como revista de propaganda para los planificadores económicos centrales, así que los editores dejaron hablar a Hazlitt.

Advertía sobre los resultados del proteccionismo, los controles de precios, las subvenciones y la planificación económica en general. Estos métodos no solo no funcionarán para sacarnos de la Depresión, escribía, sino que son contrario al espíritu de libertad humana que los liberales consideran su creencia más importante. Al decir estas cosas, estaba diciendo casi lo mismo que habría dicho cualquier economista unas pocas décadas antes, pero también sabía muy bien que iba en contra del *zeitgeist* existente que el propio Keynes estaba ayudando a forjar.

Es verdad que Hazlitt ganó el debate, pero perdió su empleo en *The Nation*. Fue el primero de muchos acontecimientos similares en su vida y fue algo a lo que se acostumbraría. Había trabajado demasiado duro y durante demasiado tiempo y creía demasiado en el poder de la verdad como para renunciar a esta. Se había creado un lema previamente en la vida por el que no expresaría una opinión sencillamente porque la sostuvieran personas poderosas e influyentes en su entorno. Tendría valor entonces y siempre.

No fue solo su forma de escribir lo que atrajo a H. L. Mencken, sino también la cualidad de su determinación moral. Mencken nombró a Hazlitt su sucesor en la que era la publicación estadounidense más importante de esos años, *American Mercury*. Estuvo allí tres años hasta que se trasladó al puesto que mantuvo los siguientes diez años. Se convirtió en editorialista principal para el *New York Times*. Allí escribía varios editoriales diarios, más reseñas de libros para el número del domingo. Era una asombrosa muestra de productividad. También fue probablemente la última vez que el *New York Times* tuvo razón sobre los asuntos cotidianos.

En 1946 este trabajo llegó a su fin por una discusión sobre el acuerdo monetario de Bretton Woods. Hazlitt no dejaba de atacar sus mentiras ni de predecir su fracaso. El director se dirigió a él y le explicó que el diario no podía continuar oponiéndose a lo que todos los demás parecían apoyar. Hazlitt conocía muy bien esta situación, así que se fue sin amargura ni acritud. Sencillamente guardó sus cosas y se fue y se dedicó a escribir lo que se convertiría en el libro de economía más vendido de todos los tiempos.

En estos años también conoció a Ludwig von Mises, que había llegado a nuestro país en 1940. Hazlitt reconoció en Mises uno de esos hombres con valentía moral, un hombre que, como escribía Hazlitt en su primer libro, estaba

«más bendecido que los reyes» por su voluntad de atenerse a la verdad, incluso con un gran coste personal. Usó su cargo en el *Times* para recomendar a sus lectores los libros e ideas de Mises. Ayudó a Mises a encontrar un editor para las traducciones de los libros de este y se convirtió en promotor y defensor de la visión misesiana del mundo. Cuando miramos atrás, parece claro que la vida de Mises habría sido muy distinta sin la ayuda de Hazlitt. De alguna forma, Henry Hazlitt se convirtió en un Instituto Mises de un solo hombre.

Pero volvamos a la sucesión de empleos de Hazlitt. Pasó del *Times* a *Newsweek*, donde su columna «Business Tides» educó a toda una generación o dos en teoría política y económica, a mí entre ellos. Eran artículos notables, maravillosamente escritos y centrados en un tema cada semana. Tengo el gusto de anunciar que el Instituto Mises va a publicar todos estos artículos en un solo tomo este año. Espero que este libro ayude a restablecer el lugar correcto de Hazlitt en la historia intelectual del siglo XX.

Ahora era el momento para Hazlitt de ocuparse del hombre cuyas ideas le habían perseguido durante décadas: el propio John Maynard Keynes. Hazlitt fue el primero y sigue siendo el único economista que ha realizado un análisis línea por línea de la *Teoría general*. Lo hizo en un libro publicado en 1959, al que tituló *Los errores de la «nueva ciencia económica»*. Escribe en el prólogo que le advirtieron que no hiciera eso, porque las ideas de Keynes ya no estaban de moda, pero decidió seguir adelante, basándose en una observación de Santayana de que las ideas normalmente no se abandonan porque se hayan refutado: se abandonan porque dejan de estar de moda. Y, por lo que podía decir Hazlitt, no se había abandonado la moda keynesiana. Y advirtamos que esto se escribía hace nada menos que 52 años y Keynes está de moda de nuevo.

Lo que descubrió Hazlitt era que el libro era mucho peor de lo que había imaginado. No encontró ideas en el libro que fueran al tiempo verdaderas y originales. Repasa pacientemente todo el libro para explicar qué quiere decir, desmenuzando a Keynes a través de 450 páginas de un brillante análisis y prosa, acabando con un gran capítulo de conclusiones que resume todos los errores del libro.

No he mencionado muchos de los otros fantásticos libros de Hazlitt, incluyendo sus dos libros sobre economía monetaria. Sobre esta materia, era totalmente opuesto a Keynes. Mientras que Keynes creía que el paso más importante para destruir el laissez faire del viejo mundo era acabar con el patrón oro, Hazlitt creía que nunca habría un régimen duradero de libertad restaurada sin tratar el problema monetario. Lo que quería destruir Keynes, lo quería restaurar y afianzar firmemente Hazlitt como parte del orden del mercado. Ambos estaban de acuerdo en la esencialidad del problema para alcanzar sus sueños, y en esto ambos tenían razón.

Pero advirtamos dónde acabaron cada uno al final de su vida. Keynes murió rico, famoso y admirado, alabado por todos por su brillantez. Nunca se le pidió que hiciera nada valiente. Nunca se le pidió que hiciera un sacrificio por aquello en lo que creía. Nunca se le ocurriría hacerlo, pues la misma idea de un compromiso moral o una responsabilidad intelectual le eran desconocidos o los rechazaba de plano.

Hazlitt, por el contrario, murió en lo que podemos considerar un momento bajo en su carrera. Había llegado a la cumbre, pero luego había vuelto a caer y acabó escribiendo y trabajando con un grupo pequeño y bastante acosado grupo de defensores de la libre empresa.

Tenemos estas dos imágenes de aproximaciones opuestas al papel del intelectual público. ¿Su papel es defender la libertad del individuo y promover el desarrollo de la civilización? ¿O el objetivo es enriquecerse, llegar los más cerca posible del poder, convertirse en todo lo famoso e influyente que se pueda? Todo se reduce a los propios compromisos morales e integridad moral. Al final esto es lo más importante, probablemente más que la teoría económica.

Hazlitt tomó su decisión y nos dejó palabras grandes y sabias sobre la obligación de apoyar la libertad.

> Tenemos la obligación de hablar todavía más clara y valerosamente, de trabajar duro y de seguir luchando con las fuerzas que nos queden. (…) Ni siquiera quienes hemos llegado y sobrepasado nuestro 70 cumpleaños no podemos permitirnos dejar de remar y dedicar el resto de nuestra vida a dormitar bajo el sol de Florida. Esta época reclama valor. Esta época reclama trabajo duro. Pero si las reclamaciones son importantes es porque lo que está en juego es todavía más importante. Es nada menos que el futuro de la libertad, que significa el futuro de la civilización.

Capítulo 13

LA BATALLA DE HAZLITT CONTRA BRETTON WOODS*

Una frase que ahora oímos a menudo, y con razón, es «los austriacos tenían razón». La burbuja inmobiliaria y el declive fueron anunciados por los austriacos y, esencialmente, nadie más. Los austriacos tenían razón acerca de la burbuja punto com y su declive. Los austriacos tenían razón acerca de la estanflación de la década de 1970 y el disparo del precio del oro después de que se cerrara la ventanilla del oro.

Podéis repasar los temas y ver que los austriacos han tenido razón una y otra vez a lo largo de la historia: en controles de precios, en proteccionismo, en rescates, en guerra, en regulación, en prohibiciones y libertades civiles y así sucesivamente.

Pero destacan los temas relacionados con el dinero fiduciario y el ciclo económico, porque los austriacos tienen una perspectiva única. Solo los austriacos han advertido constantemente de que el dinero fiduciario crea incentivos incorrectos para el sector bancario, de que la manipulación del banco central de los tipos de interés distorsiona la estructura de producción, de que la combinación de papel moneda y banca centralizada lleva a calamidades económicas.

Estas ideas no son nuevas, aunque muchas personas las están descubriendo ahora mismo por primera vez. Desde el momento en que apareció el libro de Mises, *La teoría del dinero y del crédito*, y este advirtió acerca del grave peligro para la libre empresa

---

* 18 de junio de 2010.

que representaba el papel moneda y la banca centralizada, los austriacos han tenido razón.

Son 100 años de «Os lo dijimos».

Justo en mitad de estos años se produce un episodio olvidado de la historia monetaria que nos enseña hoy una lección. Se refiere al polémico papel que desempeñó Henry Hazlitt en la batalla contra el sistema monetario de Bretton Woods aprobado después de la Segunda Guerra Mundial.

Bajo la influencia de Mises, Hazlitt aprovechó su posición editorial en el *New York Times* para advertir en contra del plan, prediciendo correctamente que esto llevaría a una inflación mundial. Por decir lo que dijo, fue destituido de su cargo en el *Times*. Pagó un alto precio por tener razón, pero eso no le detuvo. Mantuvo su tarea de decir la verdad al poder.

El *Times* debería ofrecer una disculpa oficial y admitir que su entonces editorialista tenía razón al 100%. No espero que eso pase pronto.

Recordemos los hechos.

Al final de la Segunda Guerra Mundial, la situación monetaria de todas las naciones era deplorable. Estados Unidos se enfrentaba a un exceso masivo de deuda por la guerra y aun así este país seguía siendo una nación acreedora para el mundo. Estados Unidos tenía también enormes pilas de oro. Casi todas las demás estaban directamente quebradas, algo que solo un programa público pantagruélico puede lograr. Las principales divisas estaban hundidas y las principales economías estaban en la misma situación.

Como era habitual entonces, las élites mundiales se reunieron para planificar una solución coordinada gigantesca. Se reunieron del 1 al 22 de julio de 1944 en el Hotel Mount Washington, en Bretton Woods, New Hampshire, y redactaron los Artículo del Acuerdo. Fue casi un año y medio después, en diciembre de 1945, cuando se ratificó el acuerdo. En marzo de 1947 empezó a funcionar el Fondo Monetario Internacional, una de las monstruosidades creadas durante el evento.

¿Cuál era el objetivo del plan? Era el mismo objetivo que el de la fundación de la Reserva Federal y el mismo objetivo que ha dirigido todos los planes monetarios de la historia moderna. La idea declarada era promover el crecimiento económico, estimular la estabilidad macroeconómica y, lo más absurdo de todo, controlar la inflación. Por supuesto, no hizo ninguna de estas cosas.

Hay más analogías con la Fed. De la misma forma que la Fed iba a servir como prestamista de último recurso, como proveedora de liquidez en tiempos de inestabilidad, también el Acuerdo de Bretton Woods obligaba a todas las naciones miembros a hacer disponibles todas sus monedas para prestarlas a otros países y resolver problemas temporales en las balanzas de pagos.

No se hablaba en absoluto de qué creaba estos problemas en las balanzas de pagos. Se suponía que eran como el mal tiempo o los terremotos o las inundaciones, solo algo que les sucede a los países de vez en cuando. La verdad inconfesable era que los problemas monetarios y los problemas relacionados con estos en las balanzas de pagos los creaban las malas políticas: los gobiernos inflan, gastan demasiado, generan grandes deudas, controlan sus economías, imponen restricciones comerciales, crean estados gigantescos del bienestar, luchan en guerras mundiales y en general socavan los derechos de propiedad.

Como todos los planes públicos, Bretton Woods trataba síntomas en lugar de causas y trataba esos síntomas de una forma que permite e incluso estimula la enfermedad. Ligaba las divisas a niveles no realistas, ofrecía un mecanismo de rescate para gobiernos y entidades bancarias para continuar haciendo lo que no deberían hacer y prolongaba así los problemas y los empeoraba a largo plazo.

Los gobiernos han estado echando dinero malo sobre bueno durante mucho tiempo. El plan, como en la última ronda de rescates en Estados Unidos o Europa era arrojar dinero sobre los países al borde de la quiebra y animarlos así a continuar con las mismas políticas y prácticas que crearon los problemas iniciales.

El problema esencial del sistema monetario mundial después de la Segunda Guerra Mundial era que el patrón oro se había venido abajo, o más bien, el gobierno había destruido lo que quedaba del antiguo patrón oro mediante constante inflación, deuda y devaluación. Los economistas de la tradición keynesiana habían estimulado esto, al ver la creación de dinero como una especie de panacea para todo lo que aquejaba a la economía mundial.

Keynes, el *maestro* de la Conferencia de Bretton Woods, había recomendado esto y celebró los resultados. Para él, una moneda flexible y sin patrón era la clave para la manipulación macroeconómica de sus queridos agregados. En un sentido perverso, tenía razón en esto. Un gobierno con un patrón oro está seriamente limitado. No puede usar un martillo pilón para la oferta agregada y la demanda agregada. No puede gastar más allá de lo que tiene. Debe pagar los programas que crea mediante impuestos, lo que significa reprimir el apetito de bienestar y guerra. No puede haber un estado keynesiano sobre un patrón oro, igual que un adicto a la cocaína o un jugador compulsivo no pueden tener un presupuesto estricto.

El mensaje de Keynes en Bretton Woods, resumido por Mises, era que las élites mundiales podían convertir las piedras en pan. Así que, bajo la influencia de Keynes, la diana en la reunión de Bretton Woods fue el propio liberalismo, que se suponía que había fracasado durante la Gran Depresión. Las élites también salieron de la Segunda Guerra Mundial con un aprecio más profundo por el papel de la planificación centralizada. La habían disfrutado.

El plan de Bretton Woods para la reconstrucción monetaria no llegaba tan lejos como le hubiera gustado a Keynes. Proponía un banco central mundial a escala completa y un solo papel moneda para todas las naciones, al que quería que se llamara «bancor», para que no hubiera manera de escapar a la inflación. El plan sigue esperando su implantación. En ese momento, los conferenciantes de Bretton Woods, bajo la presión de Estados Unidos (que querían que el dólar fuera el bancor) adoptaron una postura de compromiso. No crearían un patrón oro (aunque lo llamarían así por razones de credibilidad), sino un patrón dólar-oro global. O, más exactamente, un falso patrón oro.

El sistema de Bretton Woods establecía un dólar-oro que se fijaba a 35$ la onza. Pero era la antigua moneda la que estaba fijada así. Todas las demás divisas podían ser divisas fiduciarias basadas en el dólar. Esto obligaba a Estados Unidos, como la principal nación acreedora del mundo, a enviar dólares al mundo mientras mantenía de alguna forma la relación del dólar con el oro. Era una receta para el desastre, como debería haber sido evidente.

Es verdad que no hay nada de malo en tener un patrón oro en un país. Estados Unidos podría hacer eso ahora mismo. Pero no era eso lo que establecía Bretton Woods. El dólar no era convertible en oro a nivel interno. No se podía ir al banco e intercambiar dólares por oro. Solo era convertible a nivel internacional y solo por parte de los estados, así que Estados Unidos estaba obligado a enviar oro en lugar de papel cuando así se le reclamaba.

Esto establecía cierto límite sobre la expansión del crédito en el interior, pero no el suficiente. Algunos fueron lo bastante valientes como para reclamar oro al imperio. Pero está claro por esta explicación del plan que la presión para gastar y redimir acabaría llevando a Estados Unidos a revocar su palabra. Le llevó unos veinte años, mucho después de que los redactores originales del acuerdo hubieran abandonado la escena, pero la lógica económica no podía contradecirse.

El desmoronamiento empezó en realidad poco después de implantarse el plan. Pero la mayoría de los efectos se ocultaron mediante controles de divisas. Cuando llegó la década de 1960 y se acumularon los gastos del estado de bienestar y guerra de LBJ, la Fed interpretó su papel habitual como financiera del gran gobierno. Aumentó la presión sobre el dólar, los gobiernos extranjeros se interesaron más por el oro que por el papel y todo el absurdo plan se vino abajo durante el estado de bienestar y guerra de Nixon. Cuando el mundo entró en el régimen de solo papel, la mayoría de los economistas decían que el precio del oro bajaría de los 35$. Los austriacos predijeron lo contrario.

Henry Hazlitt lo vio venir desde el principio y advirtió en contra de Bretton Woods. Asumió el puesto de editorialista en el *New York Times* en 1934, después de haber sido expulsado como director del *American Mercury* posterior a Mencken porque era judío. Mencken había calificado a Hazlitt como «el único economista que puede realmente escribir» y el trabajo del *Times* era un buen puesto para él, un puesto para el que estaba preparado. Escribiría la mayoría de los editoriales no firmados, hablando en nombre del periódico y no en el suyo propio.

De hecho, cuando muchos años después sus editoriales se recopilaron en un libro editado por George Koether, llamado *From Bretton Woods to World Inflation*, solo sus archivos revelaban su autoría. Como los escribía como portavoz institucional, su tono era hasta cierto punto moderado, algo que lamentaría posteriormente. Aun así, cualquiera se asombraría hoy al leer al *New York Times* editorializando contra el dinero barato, el papel moneda, la banca centralizada y cosas similares. Pero eso fue lo que logró Hazlitt.

Empezó sus editoriales en 1934 reclamando con vigor la restauración del patrón oro. Pedía que Estados Unidos y Gran Bretaña acordaran conjuntamente un patrón oro fijo. Decía que esta acción simbolizaría «una vuelta a la colaboración internacional en un mundo que ha ido constantemente a la deriva hacia un nacionalismo cada vez más intenso». Y realmente, si lo pensamos, un mundo que hubiera prestado atención al consejo de Hazlitt podría haber evitado la increíble calamidad de la Segunda Guerra Mundial, los diez millones de muertos, la comunización de Europa y las quiebras y horrores que siguieron.

¿Y por qué? Porque el nacionalismo contra el que había advertido en 1934 se habría reducido y todos los gobiernos habrían buscado soluciones diplomáticas en lugar de asesinas.

Por supuesto, no se prestó atención a sus consejos y continuó la deriva hacia la destrucción del dinero y la prosperidad, hasta el holocausto globalizado de la Segunda Guerra Mundial.

Avancemos ahora, diez años después de que Hazlitt lanzara su primera ráfaga. Hazlitt seguía defendiendo los mismo, no un sistema en que las monedas fuertes subvencionaban malas políticas, sino un sistema en el que cada nación mantuviera la integridad de su propia moneda. Es no requería planificación centralizada, sino todo lo contrario. En lugar de prometer intervenir para rescatar la mala deuda, las naciones debían prometer no intervenir. Solo esta vía impediría el riesgo moral y mantendría el patrón oro.

Escribía lo siguiente: «la creencia en que solo una nación rica puede permitirse un patrón oro es mentira». El oro es adecuado para cualquier nación, explicaba, siempre que tenga algo que vender. Concluía con estas palabras antes de que se reunieran los conferenciantes de Bretton Woods:

> La mayor contribución que podría hacer Estados Unidos a la estabilidad monetaria mundial después de la guerra sería anunciar su determinación de estabilizar su propia moneda. Por supuesto, esto además nos ayudaría, si otras naciones también vuelven al patrón oro. Sin embargo, solo lo harán en la medida en que se den cuenta de que no lo hacen principalmente para favorecernos, sino para favorecerse.

¡Es notable darse cuenta de que *estas palabras aparecieron en un editorial del* New York Times! Vemos un mundo muy alejado de las bobadas keynesianas de Paul Krugman. Dicho de manera sencilla, no hay justicia en este mundo cuando Hazlitt, que tenía razón, se ve expulsado y sus sucesores son de una escuela de pensamiento que está totalmente equivocada.

Tened también en cuenta que esto se escribía un mes antes de empezar la conferencia. En las semanas siguientes, Hazlitt estuvo siguiendo las noticias sobre lo que estaba pasando. Consiguió la declaración de principios. Esta permitía expresamente un cambio en el valor del oro de la divisa de los miembros con una votación unánime del gobierno.

Hazlitt hablaba con pasión de esta manera:

> Esta es una disposición que permitiría una inflación mundial.
> La experiencia ha demostrado que es extremadamente impro-
> bable que ningún gobierno desee aumentar el valor unitario en
> oro de su moneda. (…) Las presiones políticas desde tiempo
> inmemorial, y particularmente en las últimas tres décadas, han
> ido en la dirección de la devaluación y la inflación.

Incluso antes de que se reunieran los delegados, vio correctamente que la disposición de uniformidad no era un límite
para la inflación, sino una autorización para esta. Si un país
devalúa, ve caer el valor de su divisa en el intercambio internacional. Pero si esto se hace en cooperación con todos los
demás, el país puede evitar el castigo. Esto es precisamente
lo que importa en la tendencia de muchas décadas hacia la
cooperación internacional en asuntos monetarios. Es la misma
motivación por la que se fraguó la Fed. Mientras el sistema esté
descentralizado, cada banco o cada país debe enfrentarse a las
consecuencias de sus malas políticas. Pero si se centraliza el
sistema, las malas políticas son más fáciles de esconder bajo
la alfombra, con los costes ampliamente dispersados por todo
el sistema.

O, como escribía Hazlitt, «sería difícil pensar en una amenaza
más grave para la estabilidad mundial y la producción global
que la perspectiva continua de una inflación mundial uniforme
a la que los políticos de todos los países se verían tan fácilmente
tentados».

Dos días después, todavía antes de empezar la conferencia,
Hazlitt daba en el clavo y explicaba con precisión por qué Bretton
Woods no podía durar. Bajo el plan, las naciones acreedoras (re-
firiéndose a Estados Unidos y Gran Bretaña) se comprometerían
a comprar la moneda de las naciones deudoras para mantener
el valor monetario a la par. Incluso si otros países devaluaban
sus divisas, Estados Unidos se vería obligado a comprarlas para
mantener la relación fija entre papel y oro. Esto es precisamente
los que llevó a deshacer todo el sistema de 1969 a 1971. Esto,
amigos míos, es profético.

Hazlitt no hablaba aquí solo a un sector de la opinión. Hasta donde yo sé y hasta donde se ha podido discernir desde entonces, Hazlitt estaba completamente solo a la hora de contar estas verdades. Nadie se unió a él, al menos no en Estados Unidos. Francia tenía a Jacques Rueff, que es sabido que denunció todo el plan. Suiza tenía a Michael Heilperin, que se mantuvo firme en el patrón oro. Hayek en Londres envió a los delegados en Bretton Woods un borrador de plan para un patrón oro real para todas las naciones. Fue completamente ignorado.

Solo Hazlitt estaba en la brecha en Estados Unidos, aguantando, escribiendo contante y apasionadamente todos los días para crear una diferencia. Todavía más notable fue que fue capaz de expresar estas opiniones solitarias a través de la portavocía institucional del *New York Times*. Fue un gran logro, un testimonio real de su propio poder de persuasión.

Todos los pensamientos que he indicado hasta ahora se escribieron antes incluso de que se hubiera reunido la conferencia monetaria. Ya había visto los problemas esenciales del plan propuesto y examinado cómo se podían resolver.

El 1 de julio de 1944, cuando los representantes se reunieron por primera vez, los recibió con un puñetazo en las narices. Cuestionó su competencia, empleando lo que posteriormente se llamaría el problema hayekiano del conocimiento. He aquí sus palabras del editorial escrito en el día en que se inauguraba la conferencia:

> Sería imposible imaginar un momento más difícil para las naciones individuales para decidir a qué nivel pueden fijar y estabilizar su unidad monetaria nacional. ¿Cómo podrían los representantes de Francia, de Holanda, de Grecia, de China, hacer en este momento algo que no sea un ejercicio de adivinación del punto en el que esperan estabilizarse?

Los delegados debieron leer este pasaje y escupir su café matinal por toda la mesa. Es una pena que no se asfixiaran con sus bollos.

Hazlitt decía además que la conferencia estaba planeando resolver un problema sin saber cuál era el problema. El problema, decía, no es una falta de paridad en valor monetario, sino las políticas que están rebajando el valor de la moneda en los países débiles. Escribía que, por supuesto, es posible fijar temporalmente cualquier precio. Pero, a largo plazo, resulta imposible.

Ofrece la analogía con una acción que no vale nada, pero que, aun así, se vende a 100$. Es posible mantener un precio alto, pero, cuando los recursos del comprador se agotan, el valor de la acción ha de caer. No hay fuerza en el planeta que pueda impedir que caiga un precio a la baja una vez han desaparecido los recursos para mantenerlo.

Por supuesto, esta idea es un breve resumen de casi todas las políticas económicas de nuestro tiempo. Ya sean viviendas, acciones o salarios, el objetivo de los paquetes de estímulo ha sido mantener altos precios que no pueden mantenerse así. Con respecto a los recursos para fijar los precios altos, hoy la respuesta es crear todavía más dinero falso para llevar a cabo este programa de fantasía.

En medio de las sesiones de Bretton Woods, Hazlitt lanzaba a los delegados estadounidenses otro puñetazo en las narices. Se reía de cómo los estadounidenses en particular tenían la impresión de que podían resolver cualquier problema del mundo creando una maquinaria en forma de organización. Podía ser una organización para hacer que el agua subiera las colinas o evitara que las rocas cayeran, pero los estadounidenses tenían la creencia de que, si el presidente estaba detrás de algo, ese algo podía conseguirse.

Exponía con franqueza la verdad opuesta. La restauración de la paz y prosperidad no vendría de crear otra organización, sino de abandonar el proteccionismo, las restricciones a la exportación de capital, las cuotas de importación y la depreciación competitiva de las monedas. La mayor contribución estadounidense, escribía, sería equilibrar más su presupuesto y acabar con la financiación del déficit.

Con respecto al amor estadounidense por la maquinaria, escribe que «la verdadera cooperación económica internacional después de la guerra solo será posible si hay un cambio profundo de la ideología de los Treinta».

A medida que se desarrollaban las sesiones, Hazlitt resultaba prever el siguiente paso. Los delegados no solo habían planeado crear el FMI, sino que crearon lo que fue entonces el predecesor del Banco Mundial: el Banco Internacional para la Reconstrucción y el Desarrollo. Todo el proyecto, escribía Hazlitt, «se basa en la suposición de no se hará nada bien si no se crea una grandiosa institución intergubernamental para hacerlo. Supone que nada se hará bien si no lo hacen los gobiernos».

Endureciendo su tono, Hazlitt se lanza personalmente contra Keynes, llamando la atención sobre su absurda afirmación de que sería *ingrato* discriminar entre naciones miembros basándose en si son dignas de crédito. Con humor, Hazlitt resume el plan del banco Mundial con esta observación general: «la recuperación económica mundial no derivará necesariamente de un plan por el que los contribuyentes se verán acosados por sus propios gobiernos con pérdidas de enormes créditos exteriores concedidos independientemente de su solidez».

Después de que terminaran las reuniones, empezó el debate sobre la ratificación. Hazlitt dejaba claro lo que estaba realmente en juego: la libertad de la persona frente a los planes del gobierno. «Estos acuerdos suponen», escribía,

«un mundo en el que el tipo de controles públicos desarrollados en los Veinte y Treinta se van a expandir y sistematizar. Lo que se contempla es un mundo en el que el comercio internacional estará dominado por el Estado».

Hazlitt debió soportar una gran presión en esos días. Hay veces en política en que el estado y los expertos a los que paga hacen que todos se sientan como si un plan propuesto fuera absolutamente necesario para la supervivencia y estar en su contra equivaliera a una traición. En nuestro tiempo, fue así durante el debate del NAFTA, el debate de la OMC y el debate sobre la creación de monstruosidades burocráticas como el Departamento de Seguridad Nacional y la Administración de Seguridad en el Transporte, o la dirección de las guerras en Oriente Medio, o la histeria por el TARP y esas cosas. Ser un caso aparte es obtener un montón de burlas y mofas.

Lo mismo pasó con Bretton Woods durante 1944 y 1945. Nadie encontró nunca un problema lógico o un error factual en lo que escribía Hazlitt. No les preocupaba. Lo esencial era que había una megaprioridad para la élite internacional y ningún periódico respetable podía en realidad oponerse al plan.

Para demostrar que no era un crítico solitario, Hazlitt empezó a escribir acerca de otros críticos, que eran muy pocos. Recogía las pequeñas críticas que ofrecía cada medio o asociación y las destacaba. Pero los críticos iban disminuyendo y cada vez que alguno asomaba la cabeza, era aplastado inmediatamente. Entretanto, las defensas de Bretton Woods se iban haciendo más extremas, con afirmaciones de que, si no se aprobaba, el mundo se vendría abajo. Los defensores mostraban cada vez más claramente su ideología contraria al mercado, como cunado el secretario Morgenthau dijo directamente que las empresas no pueden llevar a cabo cambio de moneda. Son los gobiernos del mundo los que tienen que hacerlo.

Hazlitt dirigía la atención a estas declaraciones y también a las declaraciones directas de Keynes de que Bretton Woods equivalía a lo contrario de un patrón oro. Hazlitt escribió sus palabras más duras en este tiempo, afirmando que el resultado de los planes monetarios sería una inflación mundial y una inestabilidad económica masiva. Las presiones internas sobre él se intensificaron, al empezar a llegar cartas desde Londres y Washington protestando por lo que decía el periódico. Estaba claro que Hazlitt veía el aviso en la pared, pero siguió sin rendirse toda la primavera de 1945 mientras el Congreso debatía y preparaba la ratificación.

Finalmente, el director del *New York Times* se hartó. Arthur Sulzberger se dirigió a él y le dijo: «Cuando 43 gobiernos firman un acuerdo, no veo cómo el *Times* puede seguir oponiéndose a esto».

Hazlitt empezó a hacer las maletas. Después de irse, su venganza fue un larguísimo artículo sobre el tema en *American Scholar*, publicado ese mismo año. Luego escribió el libro que se convertiría en el libro de economía más vendido de todos los tiempos: *La economía en una lección*. Su objetivo con este libro era propagar los principios esenciales de la economía, de forma que cualquiera pudiera hacer lo que él había hecho, que era ver las mentiras de la lógica detrás de absurdos planes gubernamentales. Escribió el libro en un tiempo récord y los publicó tan pronto como pudo. Por supuesto, fue un bombazo. Hasta hoy, sigue siendo nuestro libro más vendido.

En 1967, Hazlitt rio el último, si es que se puede reír cuando se hacen realidad tus peores predicciones. Hazlitt era entonces un columnista sindicalizado en *Los Angeles Times*. Escribía sobre el desplome del sistema, que acabó produciéndose en 1969. En 1971, todo el mundo tenía un patrón papel moneda fiduciario y el resultado había sido catastrófico para sociedades y economías, que habían caído en un caos inacabable.

Es verdad que Hazlitt no era, como dijo, el «séptimo hijo del séptimo hijo». No había nacido con ningún poder profético asombroso. Lo que hizo Hazlitt fue leer a Mises y entender la economía monetaria. Parece fácil hasta que te das cuenta de lo raros que eran esos talentos en sus tiempos y en los nuestros.

Hay otro aspecto en lo que hizo Hazlitt. Podía haberse retractado muy fácilmente, o haber guardado silencio. Hace falta valentía moral y una increíble resistencia intelectual para decir la verdad como la dijo cuando todo el mundo estaba en su contra. Pero en lo que a él se refería, para eso había venido a la tierra y para eso había empezado a escribir: para decir la verdad. No le amenazaron con cárcel o violencia. Lo único que tenía que temer era la burla de sus colegas. ¿Quién en la historia que haya dicho la verdad no se ha enfrentado a eso?

Nos podemos preguntar por qué es importante revisar hoy esta historia. Con respecto a los detalles de Bretton Woods, es extremadamente importante entender que este no era un verdadero patrón oro. Era un falso patrón oro dirigido por un plan

inaplicable concebido por gobiernos. Es el colmo del absurdo
que los partidarios de la teoría de la oferta y otros hayan estado
durante años anhelando una vuelta a Bretton Woods y califi-
cándolo como la vuelta al patrón oro. Un nuevo Bretton Woods
fracasaría tan fácilmente como el primero. Indudablemente,
reinstaurar Bretton Woods no sería un paso en la dirección correcta.

El que Bretton Woods fuera calificado como un patrón oro
fue un ejercicio de ofuscación. Se hizo por la misma razón por
la que el NAFTA fue calificado como libre comercio y por la
que se dice que el FTC protege la competencia. El estado lleva
mucho tiempo usando el lenguaje del liberalismo y la economía
de mercado como un arado para plantar lo contrario. El patrón
oro fue una de las primeras víctimas en esta guerra de palabras.

Un patrón oro real se implanta divisa a divisa. Ofrece
convertibilidad nacional a la vista. Permite que los bancos
quiebren. No tiene bancos centrales. Indudablemente no tiene
ninguna institución monetaria internacional que preste dinero
a los gobiernos quebrados. Es la única vía hacia la estabilidad
real. Hazlitt lo decía en el *New York Times* y sigue siendo verdad hoy.

Si queremos un sistema inatacable de dinero y banca, deberíamos seguir a Rothbard (Hazlitt me dijo una vez que el mayor
logro del Instituto Mises fue dar a Murray una «plataforma ade-
cuada») y privatizar completamente el sistema, permitiendo la
acuñación de cualquier moneda. Esto sería todavía más viable en
nuestro tiempo, con sistemas digitales de pago y comunicación
global. De hecho, estoy bastante seguro de que, si el estado no
hubiera intervenido, Internet ya habría configurado un sistema
competitivo de moneda y banca, que existiría completamente
fuera del alcance del estado. Un medio muy viable de reforma
que podríamos llevar a cabo ahora mismo es que el estado sencillamente no haga nada. El dólar podría ser insalvable ahora
mismo, pero, por supuesto, eso no pasa con el dinero. El dinero
es parte esencial de la economía de mercado, así que dejemos
que lo cree y gestione el mercado.

Los riesgos no pueden exagerarse. El papel moneda fiduciario está destruyendo la civilización ahora mismo. Ha alimentado el estado depredador. Ha desestabilizado los mercados. Ha destrozado balances y distorsionado los mercados financieros. Ha destrozado la cultura al llevar al mundo entero a creer que la prosperidad puede llegar mágicamente, que las piedras pueden convertirse en pan. Todavía podría desatar una inflación desbocada que sería bienvenida por dictadores, déspotas y tiranos crueles.

¿Cómo de importante es una moneda fuerte? Toda la civilización depende de ello. No debemos aceptar ninguna cesión. Fuera los planes públicos. Fuera las comisiones internacionales. Fuera los intentos de manipular y controlar que siempre acaban robándonos y haciéndonos más pobres de lo que seríamos en caso contrario. Deberíamos adoptar ni más ni menos que lo que defendían los viejos liberales de los siglos XVIII y XIX. Lo que pedimos es laissez faire.

Capítulo 14

VIDAS PARALELAS: ¿LIBERTAD O PODER?*

Esta es la historia de dos economistas que vivieron vidas paralelas y luego buscaron dos objetivos distintos y contrarios. Uno se dedicó a la libertad y otro se dedicó al estado.

El primero fue profesor toda su vida, nunca en una institución prestigiosa y nunca ejerciendo ningún poder. De hecho, usó su puesto de profesor *contra* el ejercicio del poder y se convirtió en la voz intelectual mundial más poderosa a favor del liberalismo radical o libertarismo. Este hombre que amaba la libertad murió en 1995 y su obra se ha desplegado por todo el mundo. Sus libros se venden como nunca antes, todos ellos, y su estrella aumenta de brillo cada día.

Su nombre era Murray N. Rothbard.

El segundo se convirtió en el economista más poderoso e influyente del mundo, prácticamente dirigiendo el mundo durante mucho tiempo. Mientras estuvo en el poder, fue venerado por todos los que eran alguien. Cada una de sus palabras podían hacer que se ganaran o perdieran en el mercado cientos de miles de millones. Pero vivirá el resto de su vida bajo una nube de burlas y descrédito, defendiéndose contra la impresión de que creó el peor desastre financiero de la historia.

Su nombre es Alan Greenspan.

---

* 9 de julio de 2010.

Sigamos estas dos vidas y consideremos las decisiones que tomaron.

Como ha señalado Charles Burris, ambos nacieron en la ciudad de Nueva York en 1926. Rothbard nació el martes, 2 de marzo. El sábado siguiente, 6 de marzo, nació Alan Greenspan. Tuvieron unos entornos y educación similares. Greenspan tenía antepasados alemanes y Rothbard ruso-judíos. Ambos asistieron a escuelas privadas y siguieron sus respectivas pasiones.

Fue después del instituto cuando sus vidas divergieron. Mientras que Rothbard siguió una vía bastante normal en economía en la universidad (que parecía hacer de él un gigante en la profesión), Greenspan fue a la Escuela Julliard de Música para seguir su verdadera vocación, que era el clarinete.

Por muy sorprendente que resulte hoy, a Greenspan no le interesaban la economía ni la banca, ni ningún campo técnico. Su interés estaba en las artes, al menos inicialmente. No tiene nada de malo y de hecho la música se ha considerado como uno de los fundamentos de una buena educación.

Lo menciono porque es un inicio sorprendente para el hombre que posteriormente tomaría el mando de una institución que pretendería dirigir la moneda de reserva mundial, un hombre que ha dado nombre a una cátedra en la Universidad de Nueva York.

Por su parte, Rothbard decidió ir a la Universidad de Columbia. No estudió economía. Su pasión eran las matemáticas (antes incluso de la completa matematización de la profesión). En Columbia, estudió con el famoso estadístico Harold Hotelling. Puede que fuera Hotelling el que llevó a Rothbard a estudiar economía, pero muy pronto Rothbard el matemático pudo ver lo que estaba mal en la aplicación de los métodos estadísticos a la teoría económica, Posteriormente desarrollaría a partir de Mises una teoría sistemática de la economía basada en la deducción lógica a la manera de los teóricos del siglo XIX. Al mismo tiempo, su libertarismo se estaba asimismo formando sólidamente desde su primera juventud.

Por muy sorprendente que resulte hoy, la biografía de Rothbard parecería ser exactamente lo que supondría un triunfo profesional en la corriente principal de opinión y los poderes fácticos. Lo que imposibilitó eso fueron las decisiones que tomó, decisiones tomadas por principios y por amor a la verdad y la libertad.

Greenspan, por su parte, renunció a sus sueños musicales. Sus interpretaciones eran solo mediocres así que dejó los estudios para tocar el saxofón o el clarinete, según fuera necesario, con la orquesta de Henry Jerome. Viajaba por el país en autobús entre actuaciones. Pronto se cansó de esa vida y en 1945 cambió tanto de universidad como de estudios, para dedicarlos a la economía.

La universidad era la Universidad de Nueva York, donde Mises había empezado a enseñar ese mismo año. Pero Greenspan no estudió con Mises, al que pudo considerar un hombre viejo y acabado, que no podía ayudarle en su objetivo principal, que era su carrera. Por el contrario, eligió la división llamada «la fábrica»: 9.000 estudiantes competían en diversos campos de especialización empresarial. Se graduó con honores en 1948 y se matriculó en el programa de maestría, graduándose en 1950.

En este momento, las vidas de Rothbard y Greenspan se entrecruzan brevemente de una manera interesante: en la Universidad de Columbia. Dos años antes, Rothbard había recibido su propia maestría en economía en Columbia y se había matriculado en el programa de doctorado. El profesor Arthur Burns era el miembro más importante de la facultad. Burns se convertiría posteriormente en jefe del Consejo de Asesores Económicos del presidente Eisenhower y en jefe de la Reserva Federal. Podría decirse que era el Greenspan del momento.

Greenspan abandonó el programa de economía de Columbia para seguir a Burns a Washington y hacerse un nombre en busca de puestos de poder y personas poderosas. Greenspan observaba cuidadosamente a Burns, muy impresionado por cómo la economía en una era de positivismo podía usarse al servicio de carreras relacionadas con el estado.

Por su parte, Rothbard se quedó en Columbia, escribiendo y estudiando. Uno de sus artículos seminales en este periodo se publicó en un libro en honor a Mises, ese hombre supuestamente acabado que resultaba tener la costumbre de decir la verdad al poder.

Igual que Burns se convirtió en el modelo de Greenspan, Mises se había convertido en el modelo de Rothbard. Es difícil imaginar dos carreras más opuestas. Mises fue expulsado de dos países por su postura íntegra e incluso se le había negado un puesto de prestigio en la profesión por no estar dispuesto a seguir la revolución keynesiana.

Rothbard seguiría un camino similar. Su artículo escrito en honor a Mises, publicado en 1956, era una reconstrucción de la economía de la utilidad y el bienestar siguiendo líneas no matemáticas.

Aquí tenemos al alumno de grado haciendo lo que hace una persona con principios: buscaba la verdad mediante la investigación y la escribía. Podría haber elegido reproducir el creciente keynesianismo y positivismo de su tiempo. Indudablemente era intelectualmente capaz de convertirse en un maestro en ambos campos. Por el contrario, los rechazó intelectualmente y optó por una vía diferente, siguiendo las indicadas por Mises.

¿Y qué estaba haciendo Greenspan? Se movía por Washington alabando a los peces gordos, observando todos sus movimientos, tratando de ser como ellos y de seguir sus pasos cultivando sus contactos con la prensa y sus relaciones con personas en puestos de responsabilidad.

Rothbard recibió su doctorado en 1956, pero solo después de superar miles de obstáculos que le había puesto en su camino nada menos que el mentor de Greenspan. Hubo momentos en los que la obstinación de Burns hacía que Rothbard se desesperara. Sentía que no podía cumplir con los dictados de Burns y no podía agradarle y que Burns estaba saboteando su trabajo.

Curiosamente, Rothbard y Burns se conocían desde la infancia. Vivían en el mismo edificio de apartamentos desde el instituto. No cabe duda de que era un ataque personal contra Murray.

Solo cuando Burns se vio tan envuelto en la política de Washington que ya no pudo preocuparse de ello, Rothbard acabó consiguiéndolo. Le dieron su doctorado en 1956.

Dejadme ahora que haga unos pocos comentarios sobre la tesis de Rothbard. Era una explicación empírica del primer ciclo económico grave, el Pánico de 1819. Rastreó todas las fuentes que pudo, escribiendo muchas páginas de datos económicos detallados. También sabía la importancia de la ideología y la personalidad en la historia de la economía, así que relataba los debates sobre la respuesta política. Entonces como ahora, la gente reclamaba una intervención. Pero, al contrario que hoy, el gobierno no respondió a las reclamaciones de inflación, soporte de los precios, los rescates y los estímulos fiscales. Como consecuencia, el pánico terminó y la economía se recuperó muy rápidamente.

¿Cuál fue el destino de su tesis? Durante más de 50 años ha sido la obra de referencia sobre este episodio. Fue impresa y reimpresa muchas veces. Hoy el Instituto Mises tiene una edición de este libro y continúa vendiéndose a gran escala.

Dejadme que salte a la tesis de Greenspan, que no se registró en la Universidad de Nueva York hasta dos décadas después, en 1977. Se guardó rápidamente y sigue sin estar disponible para nadie. Nadie tenía ninguna idea de lo que decía hasta el año pasado, cuando se filtró una única copia a un periodista de *Barron's*. Lo que contenía era tan irrelevante que apenas llegó a las noticias. Era una colección de informes que había escrito para diversos fines en los últimos veinte años: un doctorado otorgado por su experiencia vital, por decirlo así.

¿Qué hizo Greenspan en los años intermedios? Fundó una empresa de consultoría, Townsend-Greenspan, y trabajó para el Consejo de la Conferencia Industrial Nacional.

Para entender la empresa de Greenspan y lo que hacía, es importante entender el papel del experto económico en una época de positivismo. En el periodo de posguerra, el científico con un conocimiento de estilo gnóstico y relaciones imprecisas con el poder ascendía a la fama pública de las masas. No importaba tanto lo sustancial como la ilusión de conocimiento. Lo que vendía esta empresa era Greenspan, a clientes del régimen tan poderosos como J.P. Morgan and Co.

Greenspan creó cuidadosamente su imagen de un experto omnisciente en todos los asuntos relacionados con la economía. Usó sus relaciones con Burns y sus crecientes conexiones con todas las élites del poder relacionadas con este para crearse una reputación como un monacal recopilador de datos, que desplegaba gráficos y realizaba comentarios y predicciones imprimibles.

Era sobre todo un engaño. No había recopilaciones de gráficos y datos para hacer predicciones perfectas. Lo que hacía Greenspan era mercantilizar sus propias formas de alabanza y venderlas a una cultura hambrienta de ilusiones.

A lo largo de toda la década de 1960 y las siguientes, trabajó para hacer que su persona se ajustara perfectamente al ambiente que prevalecía. El ambiente era de estatismo: la glorificación de la dirección centralizada por parte de expertos. Greenspan buscaba estar en lo más alto.

Dejadme que diga unas pocas palabras acerca de la relación de Greenspan con Ayn Rand. La prensa habitualmente entiende mal el significado de esta relación. El único escritor que creo que la ha entendido bien, aparte de personas en el círculo interior como George Reisman y Nathaniel Branden, es Frederick Sheehan, autor de *Panderer to Power*. Sheehan señala que la relación de Greenspan con el círculo de Rand fue siempre oportunista y en realidad nunca tuvo ningún efecto sobre la vida de Greenspan.

Era un autor famoso en auge. Greenspan fue un maestro en enganchar su carro a cualquier caballo que se moviera. La propia Rand le llamaba el «enterrador». Preguntaba frecuentemente a sus socios: «¿Creéis que Alan podría ser básicamente un arribista social?». Por supuesto, su intuición era correcta.

Pero lo que ilustra demás el episodio de Rand en realidad es terriblemente poco halagador para Greenspan. Es malo que una persona busque ansiosamente el poder mientras se mantiene en la ignorancia. Pero, como revelaba Greenspan en su artículo de 1966 titulado «Oro y libertad económica», realmente sabía la verdad. Sabía que la Fed crea ciclos económicos: lo escribía en este artículo, incluso explicando correctamente la Gran Depresión. Sabía que el dinero fiduciario construye el estado. Decía que el oro es la única garantía monetaria de libertad.

Es malo que una persona dedique su vida al servicio del poder cuando lo hace en un estado de ignorancia intelectual. Pero cuando la misma persona sigue este camino en un estado de conocimiento publicado, solo puede ser algo reprensible. Así que su relación con Rand no fue distinta de su relación con cualquier otro: la usó como trampolín para su objetivo real.

Solo unos pocos años después de ese artículo, Greenspan se sumó a la campaña de Nixon de 1968, asumiendo el trabajo de coordinador de la investigación de la política interior. Empezó los viajes de ida y vuelta entre Nueva York y Washington que definirían el resto de su vida.

En 1970, su mentor Burns juró el cargo de jefe de la Fed y aquí es cuando Greenspan pone en su punto de mira ese puesto como objetivo de su vida. Todas las decisiones que toma a partir de ese momento se dirigen a esto. Entretanto, mantuvo su alto perfil público, dando hasta ochenta discursos al año y cobrando enormes tarifas como consultor, pretendiendo además llevar una existencia monástica, estudiando gráficas y tablas y dando pequeños consejos y sabiduría por un montón de dólares.

A pesar del culto a su personalidad que estaba creando, sus predicciones eran casi siempre erróneas. Os doy su ejemplo más famoso. El 7 de enero de 1973, el *New York Times* publicaba su foto entre los pronosticadores más brillantes del mercado. Se le citaba así: «Es muy raro que se pueda ser más incompetentemente obstinado de lo que se es ahora». Cuatro días después, el mercado llegó a su máximo y se desplomó un 46% un año después. era típico de él: capaz de alguna manera de crearse una reputación como profeta mientras se equivocaba en todo. Su método era siempre el mismo: usar una retórica pretenciosa y un lenguaje oscuro mientras desarrollaba y falseaba su trayectoria vital.

Era un método perfecto para el trabajo público. Así que, ese mismo año se convirtió en jefe del Consejo de Asesores Económicos. En 1974, pidió al presidente Ford que presentara un nuevo impuesto para combatir la inflación. Se implicó en la campaña «Whip Inflation Now» [«Acabemos ya con la inflación»], con los pines con el acrónimo WIN [«ganar», en ingles], aunque sabía muy bien que el culpable real no era la falta de principios sino una Fed de no detenía su imprenta.

Unos pocos años después conseguía llegar al círculo más cercano a Reagan y convertirse en jefe de la Comisión de la Seguridad Social que acabó aumentando los impuestos a las nóminas, lo que parecía salvar el sistema, pero solo acabó retrasando lo inevitable.

Todo esto era solo un preludio para 1987, cuando el objetivo de su carrera estuvo al alcance de la mano. Fue nombrado para el puesto para el que se había estado preparando toda su vida: jefe de la Fed. Lo que pasó poco después fue el famoso crash de la bolsa de 1987. Entonces hizo lo que haría una y otra vez durante su mandato de 20 años. Se enfrentó a la crisis con la misma táctica: abrió los grifos monetarios.

La inyección monetaria era su única arma. Pensad en las ocasiones: la crisis de la deuda mexicana en 1996, el contagio asiático en 1997, Long-Term Capital Management en 1998, la crisis Y2K en 1999 y 2000, el desplome de las punto com y finalmente los atentados terroristas de 11-S en Washington y Nueva York. Oh, y no olvidéis nunca que Greenspan, el 13 de noviembre de 2001 recibió el premio Enron.

¿Qué había detrás de todo esto? Esencialmente se mostraba partidario de servir al estado cuando necesitaba ayuda. Los políticos usaban a Greenspan como lo que Sheehan llama su «refugio antiaéreo». Les hacía favores y estos se los devolvían nombrándole una vez tras otra y le adulaban como nadie ha sido adulado. No nos sorprende. Fue el mayor falsificador de la historia.

Se puede apreciar esto en el seguimiento de los tipos de los fondos federales. Fijándonos en el gráfico desde la década de 1960 hasta la actualidad, vemos un enorme arco, con el punto más alto en 1979 y el tipo tendiendo constantemente a la baja hasta el nivel actual de cero. La única forma en que podría justificarse esto sería mediante un gran aumento en ahorro y capital, y no hemos visto esto. La imagen de tipos cada vez más bajos es completamente artificial. No solo eso: inducen burbujas hasta el extremo.

Lo que estamos experimentando ahora, en Estados Unidos y otros países, es un resultado directo del mandato de Greenspan, que llevó a la mayor catástrofe financiera de los tiempos modernos. Y no os equivoquéis: de todo ello puede culparse a Greenspan.

Sabemos por informes registrados de todos los que trabajaban con él que dirigía el Comité Federal de Mercados Abiertos con puño de hierro, sin pedir nunca la opinión de otros ni tolerar las disensiones sobre sus intuiciones políticas. Atacaba cualquier opinión en contrario con miradas fulminantes y reproches implícitos y explícitos. Gobernaba con el miedo y la intimidación. Frecuentemente hacía declaraciones sobre el estado de la economía sin ningún fundamento en la realidad y todos en la sala lo sabían. Pero, después de un tiempo, quedó claro que nadie podía penetrar en su cerebro. Por el contrario, los reunidos se limitaban a entornar los ojos e irse desesperados, murmurando entre ellos. Podía hacer que subordinados y colegas se lo jugaran a una carta.

Continuó cultivando su imagen pública como una forma de aplastar el desacuerdo dentro de la Fed. El mensaje que mandaba a través de su alto estatus era este: no te atrevas a mostrarte en desacuerdo con este dios en la tierra a quien la gente adora. Durante un tiempo, tuvo a las comunidades de Wall Street y Washington cantado a coro el largo himno unitario Gracias a Dios por Greenspan. Animaba esto, enviando a sus secuaces a decir a la prensa que merecía reconocimiento por todo: un alza en el empleo, una bajada en el déficit comercial, un informe optimista sobre las ganancias de Wall Street. No importaba cuál fuera la noticia, él se atribuía el mérito, aunque la noticia no tuviera relación alguna con ninguna política de la Fed.

Fueron tiempos locos. En *The New Republic* apareció un artículo falso que hablaba de un culto en Wall Street con velas y estampas de Greenspan en el cuarto trasero. La historia era absurda, pero creíble. Pasó mucho tiempo hasta que alguien se dio cuenta de que era mentira.

Con respecto a su comportamiento dentro de la propia Fed, su guerra contra el disidente, típica de cualquier dictador, era demasiado para cualquiera en la Fed con inteligencia e integridad. Janet Yellen renunció como gobernadora en 1997, diciendo amargamente al irse que era «un trabajo estupendo, si te gusta viajar por el país y leer discursos escritos por el personal». Por ejemplo, recordaba que Greenspan ni siquiera le dejaba hablar con el personal de la Fed porque temía que desarrollaran algún afecto o lealtad hacia alguien que no fuera Greenspan personalmente.

Bert Ely, consultor de la Fed, termina con algo que se ha dicho acerca de la mayoría de los déspotas de la historia humana: «El presidente es un hombre inseguro. Tiene que estar siempre en el candelero y no quiere competencia».

No hace falta que os cuente cómo acaba la historia de Greenspan. Su mundo se desmorona a su alrededor. Hoy dedica todo su tiempo a tratar de explicarse para escapar de las culpas. Para su eterna desgracia, ha dado a entender muchas veces que el desmoronamiento de 2008 no fue en absoluto culpa suya ni del gobierno, sino que fue el resultado de defectos propios del mercado.

Ayn Rand especulaba con que este enterrador podría ser un arribista social. No supo ni pudo saber que acabaría ascendiendo hasta lo más alto, caería hasta abajo y mientras se retorcía de dolor traicionaría toda causa a la que simulaba devoción. Pero cualquiera que observara su vida podría ver el patrón. No es muy complejo. Servía al estado. Como escribía el propio Rothbard sobre Greenspan: «La cualificación real de Greenspan es que puede confiarse en que nunca hundirá el bote del poder». De hecho, sirvió al poder desde el primer día hasta el último.

Ahora me gustaría volver a Rothbard y su vida. Cuando lo dejamos, había acabado su tesis. Estaba a punto de empezar un larguísimo viaje que consumiría toda su vida. Publicó en revistas de prestigio tanto tiempo como pudo, pero, en cierto momento, su búsqueda de la verdad y su amor por la libertad hicieron que le apartaran de ellas.

A pesar de su brillantez, historial y credenciales, no consiguió un puesto académico prestigioso. Trabajó para una fundación universitaria privada, reseñando los últimos libros de historia, filosofía, derecho y economía. Su enorme tratado sobre economía que se publicó en 1962 empezó como un tutorial escrito para esta fundación.

Cuando consiguió un puesto, fue en el Politécnico de Brooklyn, en Nueva York. Tenía un despacho estrecho y enseñaba sobre todo a alumnos mediocres. Pero eso apenas le importaba en absoluto. Tenía libertad para escribir y publicar y decir la verdad y eso era lo que quería por encima de todo.

Y, aun así, sus opciones estaban limitadas. Se podría pensar que, como defensor del libre mercado, tendría abiertas las revistas conservadoras de opinión. Pero poco después de que se intensificara la Guerra Fría, no pudo quedarse callado sobre algo que era enormemente importante para él: la relación entre libertad y expansionismo militar. Veía el estado del bienestar como nada más que una especie de socialismo. Así que se adhirió a las creencias de los viejos liberales clásicos: un mercado libre más una visión internacional pacifista. Por esto fue excomulgado por los conservadores.

La consecuencia es que acabó construyendo su propio movimiento mundial, que empezó en su cuarto de estar y se extendió a toda la raza humana. Sus dos docenas de libros y miles de artículos acabaron inspirando un enorme movimiento mundial por la libertad. Sus escritos económicos cubrieron el vacío entre Mises y la generación actual de austriacos. Su maravillosa personalidad demostraba a todos y cada uno que era posible divertirse mientras se luchaba contra el leviatán.

Con respecto al carácter de Rothbard, la comparación con Greenspan no podría ser más dura. Si Greenspan era el sombrío enterrador, Rothbard era el alegre guerrero. A Rothbard le entusiasmaba pasar el tiempo con los estudiantes y miembros

de la facultad y cualquier interesado por la libertad. Cuando
hablabas con él, estaba encantado de hacerlo sobre del campo
de interés que fuera la especialidad de la otra persona. Ya fuera historia, filosofía, ética, economía, política, religión, pintura
del Renacimiento, música, deportes, arquitectura de iglesias
barrocas o incluso telenovelas, siempre hacía que los demás se
sintieran más importantes.

Le gustaba dar siempre el mérito a otros y dirigir la atención hacia las contribuciones de todos a la gran causa. Nunca
se enfadaba mucho tiempo: incluso con quienes le traicionaron
personalmente dejaba siempre abierta una oportunidad de re-
conciliación. Todos estos rasgos derivaban de su asombrosa
generosidad espiritual, que yo atribuyo a su amor por la verdad
sobre cualquier otra cosa.

Su vida demasiado corta se truncó en 1995. Pero ese fue también el año en que el navegador web se hizo común en oficinas
y hogares. Esas clases que Rothbard daba en su pequeña aula
de Nueva York ahora se emiten por todo el mundo a través
de iTunes y Mises.org. Sus libros se imprimen y venden como
nunca. No solo sus libros, sino libros sobre sus libros y toda una
literatura que crece en torno a su legado.

Muchos han dicho que Rothbard fue su peor enemigo. La
gente dice lo mismo de Mises. Lo que se quiere decir es que
podían haber ayudado a sus carreras siguiendo la corriente para
prosperar. Es verdad. ¿Pero es prosperar lo que realmente queremos para nuestra vida? ¿O queremos marcar una diferencia
de una manera que nos sobreviva?

En algún momento de nuestras vidas todos nos damos cuenta de que todo el dinero y todo el poder y los bienes que podemos acumular nos serán inútiles tras morir. Incluso las grandes
fortunas pueden desaparecer después de una generación o dos.
El legado que dejaremos en esta tierra se reduce a los principios
por los que vivimos. Las ideas que sostenemos y la manera en
que las aplicamos son las fuentes de nuestra inmortalidad.

Greenspan dejará una economía en el caos y una vida de
adulación. Rothbard dejó una gran visión de la libertad unida a

la ciencia, un ejemplo de lo que significa pensar verdaderamente a largo plazo.

En todas las épocas la gente debe tomar una decisión. ¿Aceptamos el mundo como es y tratamos de adaptarnos, obteniendo del sistema tanto como podamos hasta el final? ¿O nos aferramos a los principios, pagamos el precio que conlleva y nos vamos haciendo del mundo un lugar mejor? Solo os digo que todo el que haya amado verdaderamente la libertad ha elegido el segundo rumbo. Ese es el rumbo que se dedica a seguir el Instituto Mises. Tomemos todos también esa misma decisión.

CAPÍTULO 15

EL BENEFACTOR DE LA LIBERTAD*

En todas las épocas, la idea de la libertad necesita benefactores, gente con visión de futuro dispuesta a hacer sacrificios personales para que a cada nueva generación se le enseñe a no dar por sentada la libertad, sino que trate de luchar por ella en todos los campos de la vida. Hace falta, porque la idea de la libertad no es realmente un producto que puede proporcionar, ni la empresa privada, ni, por puesto, su enemigo, el estado. Debe proveerse como un regalo para la civilización.

Estas son cosas que me enseñaron la vida y obra de Burton Samuel Blumert. Uno de los grandes benefactores de la libertad. Murió con 80 años en la mañana del 30 de marzo de 2009, después de una larga batalla contra el cáncer. Él lo negaría, pero su nombre merece entrar en la historia como una persona que actuó como defensor de la libertad durante toda su larga vida.

Nació en Brooklyn y, después de estudiar en la Universidad de Nueva York y su Escuela de Derecho y hacer su servicio militar en las fuerzas aéreas (donde la reglamentación socialista le hizo un libertario), Burt se convirtió en recaudador de fondos para el Comité Judío Americano y detective privado para un gran almacén en Nueva York, donde controlaba a los ladrones. Luego se le ofreció una promoción y también la posibilidad de ser el director ambulante de una cadena de tiendas de sombre-

* 30 de marzo de 2009.

ros de señora con presencia sobre todo en el Sur, lugar que le encantaba. Sin embargo, la empresa tenía un par de tiendas en Carolina del Norte y la principal estaba en el Hillsdale Mall y Burt se enamoró del lugar.

Por suerte, justo en el momento en el que «el malvado JFK acabó con el sombrero», como él decía, Burt tuvo la oportunidad de comprar un negocio que también era su afición, Camino Coin, en Burlingame. Durante las siguientes décadas, Burt convirtió Camino en uno de los intermediarios más importantes de la Costa Oeste. De hecho, la empresa se hizo conocida internacionalmente por sus precios y servicio.

Burt fue también un pionero de Silicon Valley, uniéndose a todos los intermediarios de monedas del país en su primera red informática de precios y noticias. Xerox acabó comprando la red. Durante este periodo, no olvidó su libertarismo ni su oposición al dinero fiduciario inflacionista y a la Reserva Federal. Ayudó a patrocinar conferencias de economistas austriacos como Ludwig von Mises y Leonard E. Read y se convirtió en amigo y benefactor de muchos estudiosos y activistas libertarios, especialmente Murray N. Rothbard.

Trabajó lealmente como presidente del Instituto Mises, sucediendo a Margit von Mises en ese cargo. Fue un buen amigo de Murray y estuvo incondicionalmente a su lado cuando otros lo abandonaban diciendo que Murray era demasiado radical o demasiado independiente como intelectual. Blumert veía que este genio necesitaba apoyo y se lo dio en todos los sentidos. De hecho, en los días más oscuros, él marcó la diferencia.

Rothbard fue solo uno entre muchos que se beneficiaron de su generosidad y atención. Burt nunca vaciló en su apoyo en cualquier circunstancia, proporcionando excelentes consejos e indicaciones a cada paso. Sé que llegué a depender de su inquebrantable amistad y juicio en muchos aspectos.

Su apoyo no era solo financiero: también ofrecía su tiempo y energía con gran generosidad. Proporcionaba despachos, custodia de libros y ánimos personales a muchos estudiosos libertarios; reunía a intelectuales y benefactores y editores y empresarios e incluso transportaba a gente a eventos grandes y pequeños. Y desempeñó un papel importante como propietario de Camino, en convertir a los clientes en benefactores de organizaciones libertarias y austriacas.

Tenía un modo ser tranquilo, que era siempre total y absolutamente sincero. Este rasgo de Burt era el que le hacía un buen «vendedor» y era legendario en este sentido. Le gustaba ayudar a la gente a lograr la independencia financiera. Pero para él era más que un negocio. Consideraba que las ideas eran más importantes que todos los bienes del mundo. Esto era lo que pretendía dar al mundo. Sus dones de amistad y hospitalidad también eran esenciales.

Durante muchos años ejerció como maestro de ceremonias para eventos del Instituto Mises. Se sentía extraordinariamente cómodo, con éxito, a la hora de pedir el apoyo de la gente a esta causa, porque él también era un seguidor. En 2003 recibió el primer premio Murray N. Rothbard en honor de su fantástica contribución en múltiples áreas. Por supuesto, no creía que se lo merecía. Pero todos sentimos que Murray aplaudía cuando lo aceptó: Bien hecho, Burt, solía decir.

Mucha gente hablaba del sentido del humor de Burt. Era persistente y constante en los buenos y los malos tiempos. Echad un vistazo a esta maravillosa colección de observaciones en su libro *Bagels, Barry Bonds, and Rotten Politicians*. Usaba el humor como una forma de abrirse paso en el laberinto ideológico creado por el momento político, como medio para ayudar a la gente a ver y entender lo que importa de verdad.

Era algo con lo que muchos de nosotros contamos durante años. Las noticias estarían llenas de acontecimientos negativos y amenazas a la vida y la propiedad. Pero Burt tenía una manera de mantener una distancia refrescante, recordando lo que es importante y aportando humor para aligerar el momento, de forma que los demás pudieran discernir lo que realmente importaba.

Su visión política era decididamente rothbardiana. Consideraba a los políticos muy predecibles en sus estafas y sus mafias. No veía al estado más que como una sangría masiva para la sociedad, algo de lo que se podría prescindir fácilmente. Consideraba a la guerra como un desvío masivo y destructivo de recursos sociales. Consideraba al estado del bienestar como un sistema perverso que recompensaba el mal comportamiento y castigaba la virtud. Consideraba las regulaciones de los negocios como intervenciones que beneficiaban a la gente con buenos contactos a costa de los verdaderos héroes de la sociedad, que dirigían sus empresas con un ojo en la independencia y la rentabilidad.

Su principal enemigo era el estado inflacionista y una de las razones por las que entró en el negocio de los metales preciosos fue la de combatir el papel moneda. Como observador durante toda su vida del ciclo económico sabía que el papel moneda y la creación artificial de crédito llevaban a ilusiones que acababan disipándose. Así que no es una sorpresa que viera venir el último declive. Como residente en el área de la Bahía en el Norte de California, estaba rodeado de ilusiones, pero su conocimiento de la teoría austriaca del ciclo económico la permitía ver a través de la niebla.

Había un maravilloso realismo en su manera de ver la sociedad. Odiaba al estado por su absoluta falsedad. El dólar de papel era solo el principio de todo, el símbolo más obvio. Para Burt, todas las actividades gloriosas del estado eran una ilusión que creaba falsos auges con cualquier acción. Era la completa hipocresía del arte de gobernar lo que más le molestaba.

Los mercados privados tenían también su porción de delincuentes, pero al menos no actuaban bajo la tapadera de la legitimidad legal. Esto es lo que escribía acerca de su deporte favorito, el boxeo:

> Hay una cualidad original en el mundo del boxeo y las comisiones que lo gobiernan: la corrupción es pura y sin adulteraciones. La vía para ascender en el mundo del boxeo no tiene atajos morales. Para los que llegan a la cima, una estancia en Sing Sing vale más que un grado en la Ivy League (y las relaciones de los alumnos más útiles). Una acusación de asesinato

equivale a un título de graduado (ver la biografía del empresario Don King). No hay desperdicio de recursos a la hora de colocar miembros en la comisión atlética. El mercado asigna un valor en dólares para cada nombramiento y lo único que preocupa es que los billetes no estén marcados.

Burt era un amigo que era maravilloso tener, un hombre de extraordinaria generosidad y buen juicio. Era un santo viviente para los intelectuales libertarios y un amigo querido para el resto de los que aman la libertad. Era discreto hasta el extremo, siempre atribuyendo el mérito sincera y rápidamente a otros y rechazándolo para él. Era asimismo cocinero y anfitrión de gran capacidad y generosidad y su casa era un salón de la libertad.

Amigo desde hace mucho y seguidor de Ron Paul, Burt presidió su campaña a presidente por el Partido Libertario de 1988 y alabó y apoyó su carrera presidencial de 2008. También fue el editor fundador de LewRockwell.com y uno de sus escritores más importantes.

Así que, en su muerte, digamos la verdad sobre él, sencillamente porque nunca dejó a nadie decirla cuando estuvo vivo. A lo largo de su vida cotidiana y sus buenas obras, su lealtad e infatigabilidad, nos mostró el camino a seguir, el modelo de cómo un empresario de éxito puede adquirir grandeza a lo largo de su vida. Su legado puede encontrarse en muchos de los libros que leéis y en el crecimiento masivo del libertarismo de nuestro tiempo. Las señales de sus obras nos rodean. Estos fueron sus regalos al mundo. Y para quienes le conocimos, la maravillosa vida y opiniones de Burt son regalos de inestimable valor.

Le echaremos de menos todos los días, pero no pasará ningún día sin que nos inspire su ejemplo. Ojalá que su gran alma descanse en paz.

Capítulo 16

RON PAUL Y EL FUTURO*

Uno de los recuerdos apasionantes de la campaña de 2012 fue ver esas enormes masas que venían a ver a Ron. Entretanto, sus competidores no podían llenar medio Starbucks. Cuando trabajé como jefe de personal de Ron a finales de la década de 1970 y principios de la de 1980 solo podía soñar con algo así.

¿Pero qué era lo que atraía a toda esta gente hacia Ron Paul? No ofreció a sus seguidores un puesto en el pesebre federal. No aprobó ninguna propuesta farsante. De hecho, no hizo nada de lo que asociamos con los políticos. Lo que les gustaba a sus seguidores no tenía nada que ver con la política en absoluto.

Ron es el antipolítico. Cuenta verdades pasadas de moda, educa más que halaga al público y defiende los principios incluso cuando el mundo entero se alinea en su contra.

Hay quien dice: «Me gusta Ron Paul, salvo por su política exterior». Pero esa política exterior refleja la parte mejor y más heroica de lo que es Ron Paul. La paz es el eje del programa pauliano, no un añadido extraño o dispensable de este. No lo abandonará ni puede abandonarlo.

Es el tema que Ron podía haber evitado si solo le hubiera preocupado su progreso personal.

Pero se negó a hacerlo. No importaba cuántas veces se le hubiera pedido mantener la boca cerrada acerca de la guerra y el imperio, estos siguieron siendo las piezas centrales de sus discursos y entrevistas.

---

* 25 de agosto de 2012.

Por supuesto, Ron Paul merece el premio Nobel de la paz. En un mundo justo, también habría obtenido la Medalla de la Libertad y todos los honores para los que un hombre en su situación sea elegible.

Pero la historia está llena de políticos olvidados que ganaron multitud de premios entregados por otros políticos. Lo que le importa a Ron más que cualquier honor y ceremonia en el mundo sois todos vosotros y vuestro compromiso con las ideas inmortales que ha defendido toda su vida.

Es la expresión de la verdad de Ron y su pasión por educar a la gente lo que debería inspirarnos mientras avanzamos hacia el futuro.

No es una coincidencia que los gobiernos en todas partes quieran educar a los niños. La educación pública, a su vez, se supone que es una evidencia de la bondad del estado y su preocupación por nuestro bienestar. La explicación real es menos halagadora. Si la propaganda pública puede arraigar mientras los hijos crecen, esos niños no serán una amenaza para el aparato estatal. Se encadenarán sus propios tobillos.

H. L. Mencken dijo una vez que el estado no solo quiere que el obedezcas. Trata de hacer que *quieras* obedecer. Y eso es algo que las escuelas públicas hacen muy bien.

Un pensador político hace tiempo olvidado, Etienne de la Boétie, se preguntaba por qué el pueblo tolera un régimen opresivo. Después de todo, el pueblo gobernado supera enormemente a la pequeña minoría que gobierna. Así que el pueblo gobernado podría poner fin a todo ello si quisiera hacerlo. Y, aun así, raramente lo hace.

De la Boétie concluía que la única manera por la que un régimen puede sobrevivir es porque el pueblo lo consiente. Ese consentimiento podría ir del apoyo entusiasta a la resignación estoica. Pero si ese consentimiento se desvanece alguna vez, los días del régimen están contados.

Y por eso la educación (la educación real) es una amenaza para cualquier régimen. Si el estado pierde el control de tu mente, pierde la clave para su propia supervivencia.

El estado está empezando a perder ese control. Los medios tradicionales, que han dado árnica al gobierno desde el principio de los tiempos, parece que se ven amenazados por las voces independientes en Internet. No creo que nadie con menos de 25 años lea ni siquiera un periódico.

Los medios y la clase política unieron fuerzas para tratar de asegurarse de que nunca descubrierais a Ron Paul. Cuando esto resultó imposible, se burlaron de él y os dijeron que quién podría querer ir a oír a Ron cuando podía oír a Tim Pawlenty o Mitt Romney en su lugar.

Todo esto se volvió en su contra. Cuando más pánico mostraban por Ron, más gente atraía este. Querían saber qué era lo que ansiaba tanto el poder que no quisieran escuchar.

El nuestro es el reto más radical que se haya planteado nunca al estado. No estamos tratando de hacer más eficiente al estado o mostrando cómo pueden conseguirse más ingresos o cambiando el patrón de redistribución de la riqueza. No estamos diciendo que esta subvención sea mejor que aquella o que este tipo de impuesto haga que el sistema funcione más correctamente que ese. Rechazamos el sistema existente de raíz.

Y no nos oponemos a las guerras del estado porque sean contraproducentes o extralimiten las fuerzas estatales. Nos oponemos porque las matanzas masivas basadas en mentiras nunca pueden ser moralmente aceptables.

Así que no pedimos las migajas de la mesa imperial ni buscamos un lugar en esa mesa. Queremos derribar la mesa.

Tenemos mucho que hacer. Muchísimos estadounidenses están convencidos de que les interesa ser saqueados y recibir órdenes de una élite gobernante que en realidad no se preocupa por su bienestar y solo pretende aumentar su poder y riqueza a su costa.

La institución más letal y antisocial de la historia ha conseguido describirse como la misma fuente de la civilización. Desde el momento en que ponen los pies en las escuelas públicas, los estadounidenses aprenden que el estado está ahí para rescatarlos de la pobreza, las medicinas inseguras y los días de lluvia, para proporcionar estímulos económicos cuando la economía va mal y para mantenerlos a salvo contra personajes sombríos en todas partes. Esta visión se refuerza a su vez por medio de las emisoras y los medios impresos.

Si se ha engañado a la gente, como diría Rothbard, nos toca realizar el desengaño. Tenemos que acabar con la máscara benigna del estado.

Esta es la tarea que os espera, que nos espera a todos hoy aquí.

Empezad por vosotros mismos. Aprended todo lo que podáis acerca de una sociedad libre. Leed a los grandes, como Frédéric Bastiat, Ludwig von Mises y Murray Rothbard. Mientras escarbáis en la literatura de la libertad, compartid lo que estáis leyendo y aprendiendo. Cread un blog. Cread un canal de YouTube. Organizad un grupo de lectura. Pero, hagáis lo que hagáis, divulgad lo que estáis aprendiendo y no dejéis nunca de hacerlo.

Si es a través de la propaganda como la gente acepta inadvertidamente las afirmaciones del estado, es a través de la educación como la gente debe recuperar la sensatez.

Con sus medios desvaneciéndose, va a ser cada vez más difícil para el estado hacer que cuelen sus afirmaciones, convencer a la gente para seguir aceptando sus mentiras y su propaganda.

Habéis oído decir que la pluma es más poderosa que la espada. Pensad en el estado como la espada. Pensad en vosotros como la pluma, cada uno a su manera, divulgando las ideas de la libertad.

Recordad esa idea de Etienne de la Boétie: todo gobierno se basa en el consentimiento público y tan pronto como el público retira ese consentimiento, cualquier régimen está condenado.

Por eso temen a Ron, por eso os temen y por eso, a pesar de los horrores que leemos cada día, nos podemos atrever a mirar el futuro con esperanza.

Capítulo 17

LA GENEROSIDAD
DE MURRAY ROTHBARD*

Es magnífico que la obra maestra más olvidada de Murray Rothbard, su *Perspectiva austriaca sobre la historia del pensamiento económico*, esté ahora disponible gratis en línea en dos tomos, con todas las herramientas de navegación: *El pensamiento económico antes de Adam Smith* y *La economía clásica*.

Es la culminación de un proceso que empezó en la década de 1980 con la investigación y redacción originales y muchas conferencias, a menudo presentadas en las instalaciones del Instituto Mises. Finalmente, estos tomos aparecieron en 1995, el año en que murió. Pero eran tan caros que eran inasequibles para la gente normal. En 2006, el Instituto Mises fue capaz de publicar ambos tomos por menos de la mitad del precio original. Ahora, por fin, las ideas son gratuitas con ediciones completas en línea.

No hay suficientes superlativos para describir lo que ha hecho Rothbard en estos libros. No creía que el progreso definiera siempre la trayectoria de las ideas a lo largo del tiempo. Buscaba la verdad en el mundo antiguo, en la Edad Media y en los tiempos modernos, encontrando también errores y abiertas malevolencias en todas las épocas. No temía dar nombres. El resultado es un notable drama intelectual, tan convincente que redefinirá la forma en que veis el curso de la propia historia.

---

* 24 de marzo de 2009.

No es solo el asombroso nivel de investigación, sino la vivaz energía de la personalidad y la prosa de Rothbard. Abrid cualquier página y ved lo que ocurre. Leyendo al azar en la página 33 del primer tomo, tenemos un compendio de los primeros padres y teólogos cristianos. Tertuliano era hostil a la clase mercantil, en parte porque esperaba que el mundo encallara en cualquier momento en los bajíos del exceso de población. San Jerónimo no era mucho mejor: elogiaba la visión de la suma cero de la riqueza: «el hombre rico es injusto o es el heredero de alguien injusto».

El mejor del grupo era Clemente de Alejandría, que alababa la propiedad privada y advertía:

> No debemos renunciar a las riquezas que puedan beneficiar a nuestro vecino. Las posesiones están hechas para ser poseídas, los bienes se llaman bienes porque hacen el bien y han sido proporcionados por Dios para el bien de los hombres: están a mano y sirven como el material y los instrumentos para un buen uso en manos de quien sepa cómo usarlos.

Fascinante, ¿no? Es la millonésima parte de lo que podéis conseguir aquí. Leer estos libros es como encontrarse en el banquete más opulento que podáis imaginar, con una interminable variedad de comidas preparadas por los mejores cocineros del mundo y todo gratis. Pero hay una diferencia entre la satisfacción culinaria y este festín intelectual. La mente puede consumir mucho más que el cuerpo y Rothbard prodiga sus ideas. Tienes la sensación de que no puede esperar a contarte lo que ha descubierto. Mantiene tu atención y está entusiasmado y espera involucrarte tanto tiempo como sea posible sobre el tema correspondiente. Te lleva a este mundo y acaba haciendo que lo que algunos pensarían que es un tema aburrido cobre vida y se apropie de la tuya.

Es una obra maravillosa y te cuenta algo acerca de la persona que era. Su pasión número uno era la investigación y su pasión número dos era contar a los demás lo que había descubierto. En este sentido era notablemente modesto. Después de todo, era un innovador como pocos en la historia. Sus contribuciones únicas a la teoría económica comprenden una larga lista. Más que eso, fue el primero en integrar completamente ciencia económica, filosofía moral y teoría política en una teoría unificada de la libertad. Lo mínimo que se puede decir es que no es una exageración. Fue el fundador del libertarismo moderno, una teoría de la política que es tan convincente que, una vez la has asimilado, se convierte en la lente a través de la cual acabas entendiendo todos los acontecimientos económicos y políticos. El mejor compendio de todo el pensamiento rothbardiano, por cierto, es este excelente pequeño libro de David Gordon: *The Essential Rothbard*.

Sin embargo, curiosamente, el propio Rothbard no aparece en su historia de las ideas. No es que nunca se dedicara a escribir acerca del siglo XX. Hay más en marcha. Lo que vemos aquí es una combinación fascinante de generosidad y humildad, un hombre mucho más interesado en promover buenas ideas que en su propia obra.

Vimos esto a lo largo de su vida y, una vez lo entendemos, comprendemos los inusuales conflictos personales que han sido carne de cotilleos y leyendas en los círculos libertarios durante décadas. Justin Raimondo hace un estupendo trabajo de explicar muchos de ellos en su biografía *Enemy of the State*.

Demuestra que la historia de los conflictos de personalidad que salpicaron la vida de Rothbard en realidad se reduce a una larga serie de traiciones personales a un benefactor (el peor pecado, en opinión de Dante).

Y aun así esto plantea la pregunta: ¿por qué hubo tantos que se beneficiaron de la mentoría personal de Rothbard y posteriormente se volvieron contra él denunciándolo y tratando con tanto vigor de derribar de su puesto como Mr. Libertario? Algunos, como el multimillonario Charles Koch, trataron de sacarlo de la vida pública, como se documenta en *Radicals for Capitalism*, de Brian Doherty.

Es una puñalada a la razón. Estar alrededor de Rothbard y ser parte de su círculo de amigos era una experiencia enormemente halagadora. Hacía que todos se sintieran brillantes e importantes. No era del tipo de gente que insiste en que te sientes a sus pies y aprendas de él. Te dirigía y te hacía sentir como si estuvieras haciendo una gran contribución a un proyecto histórico. Si decía algo que pensaba que estaba bien, te ponía por las nubes.

Si seguimos la obra de Rothbard, encontramos una pasión desatada por dar otros méritos por sus contribuciones a la historia de las ideas. Por ejemplo, *La ética de la libertad* está repleta de citas de personas que no dejaron otra huella. Las personas que entraban en su mundo empezaban a pensar en sí mismas como iguales intelectuales a Rothbard y no era casualidad. Era algo que animaba el propio Rothbard. Estaba radicalmente en contra de la creación de un culto a la personalidad y, por el contrario, compartía y divulgaba sus ideas con pródigo abandono.

La gente se sentía tan halagada por su atención y tan absorta por su aproximación que normalmente empezaban a creer que el propio Rothbard era prescindible. Normalmente había algo que precipitaba los acontecimientos. El rothbardiano escribía un artículo que le alejaba del maestro en algún aspecto. Rothbard podría no haber dicho nada, pero no era así. Buscaba el combate intelectual, así que contestaba y combatía, normalmente de una forma que tocaba el orgullo del discípulo. El discípulo se lo tomaba por lo personal y se rebelaba contra el maestro de una forma que le cambiaba la vida y juraba enemistad eterna. Esto ocurría una y otra vez, incluso con algunos que no estaban en el ámbito de Koch.

Pero considerad aquí las motivaciones. Rothbard era tan generoso, tan halagador con los que le rodeaban, que sus discípulos se sentían capaces hasta el punto de creer realmente que estaban al nivel intelectual de Rothbard y podían desprenderse de él fácilmente y convertirse en famosos. Un hecho revelador es, sin embargo, que ninguna de estas personas (y hubo muchas) hizo realmente algo por sí misma y lo que hicieron equivalía a reciclar lo que Rothbard les había enseñado sin otorgarle el mérito. Es un resumen de cómo fue que Rothbard, una de las más brillantes luminarias del siglo, raramente recibió el mérito que mereció cuando estuvo vivo.

Ahora, casi quince años después de su muerte, su estrella está más alta que nunca, con una nueva edición de *El hombre, la economía y el estado* recién publicada y su triunfante *Historia del pensamiento económico* ahora en línea para todo el mundo.

Continúa enseñándonos a todos, tan generoso como cuando estaba vivo. Por suerte, ahora además se lleva el mérito, mientras que incluso sus detractores solo pueden asombrarse por su influencia actual.

Capítulo 18

DEMONIOS GEMELOS*

El siglo XX fue el siglo de la guerra total. Las limitaciones en el ámbito de la guerra, creadas durante muchos siglos, ya habían empezado a resquebrajarse en el siglo XIX, pero se arrasaron completamente en el XX. Y por supuesto la cantidad de recursos desviados que los estados centralizados pudieron aportar a la guerra y las terribles nuevas tecnologías de matar que tuvieron a su disposición hicieron del XX un siglo de un horror casi inimaginable.

No ocurre muy a menudo que digamos que la gente explique el desarrollo de la guerra total en tándem con el desarrollo de la banca centralizada moderna, que (aunque existieron antecedentes desde hace mucho tiempo) también alcanzó todo su potencial en el siglo XX. No es sorprendente que Ron Paul, el hombre público que ha hecho más que nadie por rebasar los límites de lo que es permisible decir en la sociedad educada acerca de estas cosas, también haya insistido en que los fenómenos gemelos de la guerra y la banca centralizada están ligados. «No es coincidencia», decía el Dr. Paul, «que el siglo de la guerra total coincidiera con el siglo de la banca centralizada».

Y añadía:

---

* 26 de septiembre de 2012.

> Si todo contribuyente estadounidense tuviera que dar a Hacienda cinco o diez mil dólares extra este abril para pagar la guerra, estoy bastante seguro de que se acabaría muy rápidamente. El problema es que el gobierno financia la guerra tomando prestado e imprimiendo dinero, en lugar de presentar directamente una propuesta en forma de mayores impuestos. Cuando se ocultan los costes, se distorsiona la cuestión de si vale la pena cualquier guerra.

Para mis comentarios hoy daré por correcto el análisis de Murray Rothbard sobre las verdaderas funciones de la banca centralizada. Los libros de Rothbard *The History of Money and Banking: The Colonial Era Through World War II*, *Contra la Reserva Federal*, *The Mystery of Banking* y *¿Qué ha hecho el gobierno de nuestro dinero?* proporcionan el alegato lógico y las evidencias empíricas de esta postura y me remito a estas fuentes para detalles adicionales.

Por ahora daré por sentado que los bancos centrales realizan tres funciones importantes para el sistema bancario y el gobierno. Primero, sirven como prestamistas de último recurso, lo que en la práctica significa rescates para las grandes empresas financieras. En segundo lugar, coordinan la inflación de la oferta monetaria al establecer un tipo uniforme al que inflan los bancos, haciendo así al sistema bancario de reserva fraccionaria menos inestable y más constantemente rentable de lo que sería sin un banco central (por cierto, que es por eso por lo que los propios bancos siempre reclaman un banco central). Por fin, permiten a los gobiernos, mediante inflación, financiar sus operaciones de forma mucho más barata y subrepticia de lo que podría hacerse en otro caso.

Como posibilitadora de la inflación, la Fed es ipso facto una posibilitadora de la guerra. Remontándonos a la Primera Guerra Mundial, Ludwig von Mises escribió en 1919: «Uno puede decir sin exagerar que la inflación es un medio indispensable del militarismo. Sin ella, las repercusiones de la guerra en el bienestar se convierten en evidentes mucho más rápida y profundamente: el hastío de la guerra se produciría mucho antes».

Ningún gobierno ha dicho nunca: «Como queremos ir a la guerra, debemos abandonar la banca centralizada» o «Como queremos ir a la guerra, debemos abandonar la inflación y el sistema de moneda fiduciaria». Los gobiernos siempre dicen: «Debemos abandonar el patrón oro porque queremos ir a la guerra». Eso por sí solo indica la restricción que supone la moneda fuerte para los gobiernos. Los metales preciosos no pueden crearse de la nada y por eso a los gobiernos les irritan los sistemas monetarios basados en ellos.

Los gobiernos pueden aumentar los ingresos de tres maneras. Los impuestos son los medios más visibles para hacerlo, pero acaban encontrando resistencia popular. Pueden tomar prestado el dinero que necesitan, pero estos préstamos son igualmente visibles ante el público en forma de tipos de interés más altos (como el gobierno federal compite por una cantidad limitada de crédito disponible, el crédito se hace más escaso para otros prestatarios).

Para los gobiernos es preferible crear dinero de la nada, la tercera opción, ya que el proceso por el que la clase política succiona recursos de la sociedad mediante inflación es mucho menos directo y evidente que en los casos de impuestos y préstamos. En los viejos tiempos, los reyes raspaban las monedas, se quedaban con las virutas y luego hacían circular de nuevo dichas monedas con el mismo valor facial. Una vez obtenido este poder, los gobiernos lo conservaron celosamente. Mises dijo una vez que si el Banco de Inglaterra hubiera estado disponible para el rey Carlos I durante la Guerra Civil Inglesa de la década de 1640, podría haber aplastado a las fuerzas parlamentarias que le atacaban y la historia inglesa habría sido muy diferente.

Juan de Mariana, un jesuita español que escribió en el siglo XVI y principios del XVII, es más conocido en filosofía política por haber defendido el regicidio en su obra *De Rege* en 1599. Los estudiantes ocasionales suponen a menudo que debió haber sido por esta provocativa declaración por la que le encerró el gobierno español. Pero en realidad fue su *Tratado sobre la mutación de la moneda*, en el que condenaba la inflación monetaria como un mal moral, el que le puso en problemas.

Pensadlo. Decir que se podía matar al rey era una cosa. Pero ¿apuntar directamente a la inflación, el alma del régimen? Eso era llevar las cosas demasiado lejos.

En esos días, si la guerra se iba a financiar parcialmente mediante envilecimiento de la moneda, el proceso era directo y no era difícil de entender. La secuencia de acontecimientos es hoy más complicada, pero, como he dicho, no es esencialmente distinta. Lo que ocurre hoy no es que el gobierno tenga que pagar una guerra, se quede corto y simplemente imprima el dinero para cubrir la diferencia. El proceso no es tan crudo. Pero cuando lo examinas cuidadosamente, resulta ser esencialmente lo mismo.

Los bancos centrales, creados por los gobiernos del mundo, permiten a esos mismos gobiernos gastar más de lo que reciben en impuestos. Tomar prestado les permite gastar más de lo que reciben en impuestos, pero lleva a unos tipos de interés más altos, lo que a su vez puede provocar a la gente de formas no deseables. Cuando los bancos centrales crean dinero y lo inyectan en el sistema bancario, sirven a los fines de los gobiernos al empujar a la baja esos tipos de interés, ocultando así los efectos de los préstamos al gobierno.

Pero la banca central hace más que esto. Esencialmente imprime dinero y se lo entrega al gobierno, aunque no tan directa y evidentemente.

Primero, el gobierno federal es capaz de vender sus bonos a precios artificialmente altos (y a tipos de interés correspondientemente bajos) porque los compradores de su deuda saben que pueden cambiar de idea y vender a la Reserva Federal. Es verdad que el gobierno federal tiene que pagar intereses sobre los títulos que posee la Reserva Federal, pero al final del año la Fed paga ese dinero de vuelta al Tesoro, salvo sus insignificantes gastos operativos. Eso cubre del interés. Y en caso de que estéis pensando que el gobierno federal aún tiene que pagar al menos el principal, no es así. El gobierno puede refinanciar su deuda existente cuando vence, emitiendo un nuevo bono para pagar el principal del viejo.

Mediante este enrevesado proceso (un proceso que, no casualmente, el público en general es improbable que conozca o entienda), el gobierno federal es de hecho capaz de hacer algo equivalente a imprimir dinero y gastarlo. Mientras que todos los demás tienen que adquirir recursos gastando dinero ganado en una empresa productiva (en otras palabras, primero tienen que producir algo para la sociedad y luego pueden consumir), el gobierno puede adquirir recursos sin tener que producir nada antes. La creación de dinero por medio del monopolio del gobierno se convierte así en otro mecanismo por el que se perpetúa la relación explotadora entre el gobierno y el pueblo.

Como el banco central permite al gobierno esconder el coste de todo lo que hace, proporciona un incentivo para que los gobiernos se dediquen al gasto adicional en todo tipo de áreas, no solo en la guerra. Pero como la guerra es enormemente cara y debido a que los sacrificios que la acompañan ponen tanta tensión en la gente, es para los gastos de tiempo de guerra para los que la ayuda del banco central es especialmente bienvenida por cualquier gobierno.

El Sistema de la Reserva Federal, que se estableció a finales de 1913 y abrió sus puertas al año siguiente, se puso por primera vez a prueba durante la Primera Guerra Mundial. Al contrario que algunos países, Estados Unidos no abandonó el patrón oro durante la guerra, pero no estaba operando bajo un patrón oro 100% puro en ningún caso. La Fed podía dedicarse y se dedicó a la expansión del crédito. En Mises.org publicamos un artículo de John Paul Koning que llevaba al lector a través de proceso exacto por el que la Fed llevaba a cabo su expansión monetaria en esos primeros años. En resumen, la Fed esencialmente creaba dinero y lo usaba para añadir bonos de guerra en su balance. Benjamin Anderson, economista simpatizante con los austriacos, observó en su momento: «El crecimiento en prácticamente todos los apartados del balance del Sistema de la Reserva Federal desde que Estados Unidos entró en la guerra ha sido realmente muy grande».

El papel complaciente de la Fed no se limitaba al del tiempo de guerra. En *America's Money Machine*, Elgin Groseclose escribía:

> Aunque la guerra se acabó, en un sentido bélico, en 1918, no se acabó en un sentido financiero. El Tesoro tenía todavía enormes obligaciones que cumplir, que acabaron siendo cubiertas por un préstamo Victoria. El principal apoyo en el mercado fue de nuevo la Reserva Federal.

La expansión monetaria fue especialmente útil para el gobierno de EE.UU. durante la Guerra de Vietnam. Lyndon Johnson pudo tener tanto sus programas de la Gran Sociedad como su guerra en el extranjero y las quejas del público se mantuvieron (al menos al principio) dentro de límites manejables.

Los planificadores económicos keynesianos se habían vuelto tan confiados que, en 1970, Arthur Okun, uno de los consejeros claves presidenciales en economía durante una década, destacaba en una retrospectiva publicada que la sabia dirección económica parecía haber acabado con el ciclo económico. Pero la realidad no podía eludirse eternamente y la aparentemente fuerte economía de guerra de la década de 1960 dio paso al estancamiento de la de 1970.

Hay una ley universal según la cual cada vez que se promete al público que se ha acabado definitivamente con el ciclo económico de auge y declive, hay un declive a la vuelta de la esquina. Un mes después de que se publicara el optimista libro de Okun, empezó la recesión.

Los estadounidenses pagaron un alto coste por la inflación de la década de 1960. La pérdida de vidas por la guerra fue el más truculento y horrible de estos costes, pero la devastación económica no puede ignorarse. Como muchos recordamos bien, años de desempleo y alta inflación devastaron la economía de EE.UU. Al mercado bursátil se fue aún peor. Mark Thornton apunta que

> En mayo de 1970, una cartera compuesta por una acción de cada valor que cotizaba en el Big Board valía aproximada-

mente la mitad de lo que valía el inicio de 1969. Los ambicio-
sos que lideraron el mercado de 1967 y 1968 (conglomerados,
arrendadores de computadoras, empresas de electrónica de
lujo, franquiciadores) cayeron abruptamente desde máximos.
No es que bajaran un 25%, como el Dow, sino un 80%, 90%
o 95%.

(…) El Índice Dow muestra que los valores tendieron a
intercambiarse en un amplio canal durante buena parte del
periodo entre 1965 y 1984. Sin embargo, si ajustas el valor de
las acciones a la inflación de precios medida por el IPC, aparece
un panorama más claro y perturbador. La medición del poder
adquisitivo ajustado a la inflación o real del Dow indica que
se perdió cerca de un 80% de su valor máximo.

Y respecto de todo lo que se dice de la supuesta independencia de la Fed, no es siquiera posible imaginar a la Fed manteniendo una postura de rigidez monetaria cuando el régimen
reclama estímulos o cuando las tropas están sobre el terreno. Ha
sido más que complaciente durante la llamada Guerra contra el
Terrorismo. Considerad la cantidad de deuda comprada cada
año por la Fed y comparadla con los gastos bélicos de ese año y
tendréis una idea del papel facilitador de la Fed.

Aunque es verdad que un patrón oro restringe a los gobiernos, también lo es que estos tienen pocas dificultades para encontrar pretextos (la guerra es el principal de entre ellos) para
abandonar el patrón oro. Por esa razón, el patrón oro por sí
mismo no es una restricción suficiente para las ambiciones del
gobierno en el interior y el exterior.

Al mirar al futuro, debemos dejar de lado toda timidez en
nuestras propuestas de reforma monetaria. No buscamos un
patrón intercambio-oro, como existía bajo el sistema de Bretton
Woods. No buscamos el uso del precio del oro como un dispositivo de calibración que ayude a la autoridad monetaria en
sus decisiones sobre cuánto dinero crear. Tampoco buscamos
la restauración del patrón oro clásico, por muchas que sean sus
ventajas.

En la década de 1830, los teóricos monetarios jacksonianos de la moneda fuerte acuñaron la maravillosa expresión «separación de la banca y el estado». Sería un primer paso.

Lo que necesitamos hoy es la separación del dinero y el estado.

Hay varias razones por las que el dinero es algo único entre los bienes. Para empezar, el dinero se valora, no por sí mismo, sino por su uso en los intercambios. Otra razón es que el dinero no se consume, sino que pasa de una persona a otra. Y todos los demás bienes en la economía tienen sus precios expresados en términos de este bien.

Pero no hay nada en el dinero (ni en ninguna otra cosa, por cierto) que nos deba hacer pensar que su producción deba llevarla a cabo el gobierno o su concesionario monopolista designado. El dinero constituye la mitad de toda transacción del mercado que no sea un trueque. La gente que crea en la economía de mercado y aun así esté dispuesta a entregar al estado la custodia de su bien más esencial tendría que volver a pensárselo.

Los intervencionistas afirman a veces que ese bien concreto es sencillamente demasiado importante como para dejarlo al mercado. La respuesta habitual del libre mercado da la vuelta a este argumento: cuanto más importante es el producto, más esencial es que el gobierno no lo produzca y deje en su lugar la producción al mercado.

En ningún caso es esto más cierto que en el del dinero. Como dijo una vez Ludwig von Mises, la historia del dinero es la historia de los esfuerzos del gobierno por destruir el dinero. El control público del dinero ha generado envilecimiento monetario, empobrecimiento de la sociedad en relación con el estado, ciclos económicos devastadores, burbujas financieras, consumo de capital (debido a una contabilidad falsificada de pérdidas y ganancia), riesgo moral y, lo más relevante para mi tema de hoy, la expropiación de la gente de formas que son improbables de entender. Es esta expropiación silenciosa la que ha hecho posible algunas de las mayores enormidades del estado, incluyendo sus guerras, y son todos estos delitos combinados los que constituyen un convincente alegato popular contra el sistema actual y a favor de un sustitutivo en el mercado.

La maquinaria bélica y la monetaria están en resumen íntimamente ligadas. Es inútil denunciar la moral grotesca del imperio de EE.UU. sin al mismo tiempo apuntar al apoyo indispensable que la hace posible. Si queremos oponernos al estado y a todas sus manifestaciones (sus aventuras imperiales, sus subvenciones en el interior, su interminable gasto y acumulación de deuda) debemos apuntar a su origen: el banco central, el mecanismo que el estado y sus medios de comunicación y economistas mantenidos defenderán hasta el día en que mueran.

El estado ha convencido a la gente de que sus intereses son idénticos. Busca promover su bienestar. Sus guerras son las de la gente. Es el gran benefactor y la gente ha de contentarse con su papel como sus súbditos contentos.

Nuestra visión es diferente. La relación del estado con la gente no es benigna, no es la de un donante magnánimo y un receptor agradecido. Es una relación explotadora, en la que una serie de feudos autoperpetuados que no producen nada viven a costa de la mayoría trabajadora. Sus guerras no protegen a la gente, la despluman. Sus subvenciones no promueven el llamado bien público, lo socavan. ¿Por qué deberíamos esperar que su producción de dinero fuera una excepción a este patrón general?

Como dijo F. A. Hayek, no es razonable pensar que el estado tenga ningún interés en darnos un «dinero bueno». Lo que quiere el estado es producir el dinero o tener una posición privilegiada en igualdad de condiciones con la fuente del dinero, para poder dispensar generosidad a sus electores favoritos. No deberíamos desear complacerlo.

El estado nunca cede y tampoco deberíamos hacerlo nosotros. En la lucha de la libertad contra el poder, pocos se opondrán al estado y al conocimiento convencional que nos pide que adoptemos. Menos aún rechazarán de raíz al estado y sus programas. Debemos ser esos pocos, ya que trabajamos por un futuro en el que seremos los muchos.

Esa es hoy nuestra misión, como ha sido la misión del Instituto Mises durante los últimos 30 años. Con vuestro apoyo, continuaremos en este momento crítico publicando nuestros libros y revistas, ayudando a la investigación y enseñanza de la economía austriaca, promoviendo la Escuela Austriaca ante la gente y formando a los defensores del mañana de la economía de la libertad.

Capítulo 19

EMULEMOS A RON PAUL*

Tengo el privilegio de conocer a Ron Paul desde hace 37 años. Trabajé como su jefe de personal durante sus primeros años en el Congreso y desempeñó un papel importante cuando inauguré el Instituto Mises, donde ha ejercido el cargo de consejero distinguido desde entonces.

Es la misma persona en su vida privada que en público: considerado, decente, humilde, discreto y generoso a la hora de reconocer sus deudas intelectuales.

Estas no son cualidades que la gente asocia a los personajes políticos. Esa es parte de la razón por la que Ron se convirtió en un fenómeno.

Más que cualquier otra cosa, Ron ha sido un maestro a lo largo de sus años en la vida pública. En sus artículos y discursos, e incluso en las propuestas de ley presentadas, ha buscado expresar la filosofía de la libertad y lo que esta filosofía implica para nuestra vida diaria. Sus libros, que incluyen numerosos superventas, han hecho lo mismo. Comparad los libros de Ron con los de Mitt Romney y veréis lo que quiero decir.

Pero como la persona que ha llegado a más gente con el mensaje de la libertad que ninguna otra en nuestro tiempo, Ron también nos ha enseñado cómo puede y debe divulgarse ese mensaje. Quiero hablar esta noche de cinco de estas lecciones.

---

* 6 de abril de 2013.

1: EL TEMA DE LA GUERRA NO PUEDE NI DEBE ELUDIRSE

Ante todo y sobre todo, Ron es un crítico del estado belicista.

La guerra en Iraq, que seguía siendo un tema candente cuando Ron se postuló por primera vez a la nominación republicana, se había presentado al público sobre la base de mentiras que eran evidentes e insultantes incluso para los patrones del gobierno de EE.UU. La devastación (en términos de muertes, amputaciones, desplazamientos y completa destrucción) horrorizaba a cualquier ser humano decente.

Sí, el Departamento de Educación es un desastre, pero no se acerca a las terribles imágenes de lo que les pasó a los hombres, mujeres y niños de Iraq. Si no iba a denunciar un mal moral tan claro, pensaba Ron, ¿para qué estaba en política?

Aun así, era el tema que los estrategas habrían eludido. Habla del presupuesto, habla de la grandeza de Estados Unidos, habla de lo que están hablando los demás y te irá bien. Y, olvidaban decirte, te olvidarán.

Pero si Ron hubiera dejado de lado este asunto, no habría habido una Revolución Ron Paul. Fue su valeroso rechazo a dejar de hablar de algunas verdades inexplicables acerca de papel estadounidense en el mundo lo que hizo que los estadounidenses, y especialmente los estudiantes, se sentaran y prestaran atención.

Cuanto no había cumplido cuarenta años, Murray Rothbard escribía en privado que estaba empezado a considerar la guerra como «*la* clave de todo el tema libertario». Esta es otra forma en la que Ron Paul ha sido fiel a la tradición rothbardiana. Una y otra vez, en entrevistas y apariciones públicas, Ron ha trasladado las preguntas que le plantean a los asuntos esenciales de la guerra y la política exterior.

¿Preocupado por el presupuesto? Puedes dirigir un imperio barato.

¿Preocupado por los cacheos de la TSA o las escuchas del gobierno o las cámaras que te siguen? Son las políticas inevitables de quien tiene la hegemonía. Un caso tras otro, Ron señala la relación entre una política imperial en el exterior y los abusos y desastres en el interior.

Inspirados por Ron, los libertarios empezaron a enfrentarse a los conservadores, recordándoles que la guerra, después de todo, es el programa último del gobierno. La guerra lo tiene todo: propaganda, censura, espionaje, contratos para compinches, impresión de dinero, gasto disparado, creación de deuda, planificación centralizada, arrogancia… todo lo que asociamos con las peores intervenciones en la economía.

Robert Higgs, en su libro clásico *Crisis y Leviatán*, demostraba cómo la guerra dejó cicatrices duraderas sobre la sociedad estadounidense, mientras que el poder y la riqueza obtenidos por el gobierno federal en tiempo de guerra nunca se devolvió en su totalidad cuando acabaron las hostilidades. Cuando Franklin Roosevelt lanzó su New Deal en la década de 1930, apeló a precedentes ideológicos y reglamentarios establecidos durante la participación estadounidense en la Primera Guerra Mundial.

Pero Ron cambió permanentemente la naturaleza de la discusión sobre la guerra y la política exterior. La expresión «no intervención» raramente aparecía en los debates sobre política exterior antes de 2007. La oposición a la guerra se asociaba con causas anticapitalistas. Ya no es así.

Ron siguió insistiendo en que no había ningún debate real sobre política exterior en Estados Unidos porque lo único que se podía hacer era discutir sobre el tipo de intervención que debería llevar a cabo el gobierno de EE.UU. El si la propia intervención era deseable o si los supuestos bipartidistas detrás de la política exterior de EE.UU. eran sensatos, eso ni siquiera se mencionaba, ni mucho menos se debatía.

Al exponer el debate fraudulento sobre la política exterior estadounidense, Ron exponía una verdad olvidada acerca de la vida política estadounidense. Los debates que se permite tener a los estadounidenses son aquellos en los que las decisiones reales ya se han tomado: impuesto a la renta o al consumo, estímulos fiscales o monetarios, sanciones o guerra, guerra ahora o guerra luego. Con debates como estos, no importa quién gane. Ron los dejaba todos al descubierto.

2: DECIR LA VERDAD

Ron no solo se enfrentó a los censores de la opinión en el tema de la guerra. Haced una pregunta a Ron Paul y obtendréis una respuesta. En Miami dijo que había que levantar el embargo a Cuba. En Carolina del Sur se mantuvo en sus trece con respecto a la guerra contra las drogas. Nunca huye de ninguna pregunta ni la retuerce al estilo de un vendedor de humo para convertirla en la pregunta que quiere que le planteen.

Y las audiencias seguían creciendo: miles y miles de estudiantes venían a verle, en un momento en el que sus competidores apenas podían llenar la mitad de una sala de bingo.

Ron sabía que la filosofía de la libertad, cuando se explica de forma convincente, tiene un atractivo universal. Todos los grupos a los que hablaba oían una presentación ligeramente distinta de ese mensaje, ya que Ron mostraba cómo se trataban sus preocupaciones más concretas y se resolvían más eficazmente con una política de libertad.

Cuando Ron habló por primera vez a los llamados votante de valores, por ejemplo, le abuchearon por decir que adoraba al Príncipe de la Paz. La segunda vez, cuando volvió a hacer un alegato moral a favor de la libertad, la sala se vino abajo. Pero no les aduló, ni a ellos, ni a ningún otro y nunca abandonó la filosofía que le llevó a la vida pública. Nadie tenía la sensación de que hubiera más de un Ron Paul, que estuviera tratando de satisfacer a grupos irreconciliables. Solo había un Ron Paul.

3: EL PROBLEMA NO ES UNA PERSONA, NI UN PARTIDO

Michelle Malkin escribe libros sobre la corrupción de las administraciones demócratas. Pueden escribirse los mismos libros acerca de las administraciones republicanas y, de hecho, los escriben los partidarios del otro bando. Entretanto, a los estadounidenses se les engaña para pensar que solo hay que sacar algunas manzanas podridas o que los problemas a los que nos enfrentamos los causan estos o aquellos grupos de ocupantes de las poltronas del poder.

Ron raramente se altera por algún funcionario público que haya realizado algún tejemaneje. Sí, esto está mal y, sí, el tipo debería ser despedido.

Pero dedicar un tiempo desmesurado al escándalo del día es sugerir que, si tuviéramos al mando a gente buena, el sistema funcionaría. La mayor parte de lo que hace el estado no se debería llevarse a cabo en absoluto, con gente buena *o* mala y todo lo demás podría gestionarse mucho mejor por parte de personas libres.

Si un funcionario público gasta unas cantidades desorbitadas en vacaciones y lujos o se ofrece al soborno, estad seguros de que los oponentes políticos de esa persona conocerán toda la historia. Entretanto, se ignora la corrupción del propio sistema, con sus expropiaciones y redistribuciones sistemáticas. Pero esa es con mucho la parte más importante y la única que realmente merece nuestra atención.

4: HAY MÁS EN LA VIDA, Y MÁS EN LA LIBERTAD, QUE LA POLÍTICA

Antes de abandonar Washington y la política electoralista, Ron realizó un extraordinario discurso de despedida al Congreso. El mismo hecho de que Ron pudiera dar un discurso inteligente y erudito no hace más que demostrar que no era un congresista común y corriente y que su vida estaba llena de temas de discusión y resultados centrados en el grupo.

Para empezar, ese discurso de despedida parecía muy apropiado para Ron, mientras que habría sido risible para prácticamente todos sus colegas, y reflejaba la solidez y seriedad de Ron como pensador y como hombre.

En ese discurso Ron hizo muchas cosas. Repasó sus años en el Congreso. Enjuició el avance del estado y la retirada de la libertad. Explicó las ideas morales que hay en la base del mensaje libertario: la no agresión y la libertad. Planteó unas preguntas acerca del gobierno de EE.UU. y la sociedad estadounidense que raramente se plantean, y casi nunca se responden. Y dio a sus seguidores consejos para divulgar el mensaje en los años posteriores.

«Lograr poder legislativo e influencia política», decía, «no debería ser nuestro objetivo. La mayoría del cambio, si ha de llegar, no llegará de los políticos, sino de las personas individuales, nuestras familias, amigos, líderes intelectuales e instituciones religiosas. La solución solo puede venir de rechazar el uso de coacción, coerción, órdenes del gobierno y fuerza agresiva para moldear el comportamiento social y económico».

Sus oponentes neoconservadores piden que se sepa cuántas propuestas legislativas consiguió aprobar Ron. Yo lo veo así: Nadie va a recordar ninguna propuesta que redactaran los asesores de Rick Santorum para este. Nadie va a recordar a Rick Santorum. Por el contrario, se recordará a Ron Paul. ¿De cuántos otros congresistas puede decirse que hayan (1) pedido a los estudiantes que lean tratados de economía de mil páginas y (2) los estudiantes lo hayan hecho?

Hoy, en una gran convención sobre educación en el hogar en Ohio, Ron anunciaba el Currículo de Ron Paul para la Educación en el Hogar. Su programa cubre desde el Jardín de Infancia hasta el grado 12º, Los alumnos estudiarán pensadores que nunca encontrarían en una escuela pública. Conocerán historia y economía mejor que nadie de su edad.

Aprenderán a hablar en público, a escribir y a usar las redes sociales. Resultarán ser los mejores embajadores de las ideas que Ron ha defendido toda su vida. Predigo que se unirán a los Young Americans for Liberty.

No hay proposición de ley que Newt Gingrich, o Rick Santorum, o el resto de ellos haya conseguido aprobar que equivalga a un grano de arena comparado con lo que logrará Ron Paul en solo una empresa, al educar a los estudiantes jóvenes

5: LA FED NO PUEDE IGNORARSE

Ningún grupo focal pidió a Ron que hablara sobre la Reserva Federal. Ningún político ha creado ningún problema a la Fed en unas elecciones en sus 100 años de historia. Ateniéndose al guion, los profesionales habrían dicho: menos impuestos y menos gasto, la monótona letanía pronunciada por todo político republicano que normalmente de todos modos no tiene ningún interés en llevar a cabo en ninguno de ambos sentidos.

Aun así, Ron señalaba a la Fed como el origen del ciclo de auge-declive que ha dañado a tantos estadounidenses. Su tenaz insistencia en este punto hizo que muchísimos estadounidenses sintieran curiosidad: Después de todo, ¿qué es la Fed y qué hace? Un problema improbable, es cierto, y aun así tuvo la voluntad de hablar de ello, lo que, en mi opinión, explica mucho de su éxito en la recaudación de fondos. Había una parte pequeña pero no explotada del público que respondió con entusiasmo a la mención de la Fed de Ron y quería más.

También aquí, si Ron hubiera adoptado el consejo político convencional, habría perdido estas oportunidades históricas y el fenómeno Ron Paul habría disminuido grandemente o incluso habría desaparecido por completo.

Solo unos pocos meses después de que Ron suspendiera oficialmente su campaña de 2008, se desató la crisis económica. Como había dicho Ron, había algo realmente equivocado en la economía. Entretanto, sus oponentes aparecían como los idiotas y charlatanes que sabíamos que eran. Solo una semana antes de que se desatara la crisis, Herman Cain rechazaba todas las quejas y advertencias acerca de la economía diciendo que no era más que una conspiración antirrepublicana de los medios de comunicación.

Entretanto, John McCain, el nominado por el partido, había dicho que las bases de la economía eran sólidas y que, aunque no era un experto en economía, estaba leyendo el libro de Greenspan.

Por no haber dudado en decir lo que creía, aunque eso significase tratar un asunto que ningún operativo político le habría animado a discutir, Ron era un profeta. Solo eso abrió a mucha gente a las ideas de Ron: era el único en Washington que nos advertía sobre lo que iba a pasar. Y, por cierto, ¿ha habido algún momento en Estados Unidos en el que haya habido más gente leyendo (¡y escribiendo!) libros contra la Fed?

La gente también ha podido ver que no es que Ron tuviera suerte en 2007 y 2008. En 2001, Ron dijo en la tribuna de la Cámara de Representantes que la burbuja alimentada por la Fed en los valores tecnológicos, que acababa de estallar, iba a ser reemplazada por una burbuja inmobiliaria alimentada por la Fed, que estallaría con la misma seguridad.

* * *

Mencionaba antes que Ron ha dejado la política. Para los medios de comunicación, para quienes la vida política es todo, eso significaba que Ron a partir de entonces sería invisible. Ya les gustaría.

Ron está apostando por lo que dice: cuando dice que hay más cosas en la vida que la política, lo dice en serio. Y va a demostrarlo.

Ya he mencionado su próximo currículo para la educación en el hogar, que será enormemente influyente y hará más bien del que podemos imaginar.

Pero va a hacer mucho más: en producción televisiva, con un nuevo sitio web, en comentarios, en charlas, con una nueva institución sobre el problema más importante, con libros nuevos (incluyendo un manifiesto por la educación en el hogar) y mucho más.

Cuando un famoso presentador de radio preguntó a Ron qué iba a hacer al jubilarse, Ron respondió: «¡Bueno, no me voy a quedar en una mecedora, eso seguro!»

Podéis repetirlo. Ron está mejorando todo.

Estoy convencido de que los historiadores, estén o no de acuerdo con él, continuarán maravillándose con Ron Paul durante muchísimos años. Los libertarios de dentro de un siglo no podrán creer la idea de que un hombre así fuera miembro del Congreso de EE.UU. en nuestros tiempos.

Pero mi propósito esta noche no ha sido solamente homenajear a Ron, aunque siempre estoy encantado de alabar a mi amigo, cuyo brillante ejemplo merece mucho más que mis palabras. Al revisar la vida pública de Ron, he obtenido ideas y lecciones que deben perdurar.

Es nuestra gran tarea, que los jóvenes de esta organización (que se desarrolló a partir de Estudiantes por Ron Paul) que han tomado esa inspiración de este gran hombre encarnen estas ideas y lecciones.

Porque, ¿cuál es el legado de Ron? Sois todos vosotros. Vosotros reflejáis lo que Ron ha defendido toda su vida. Queréis conocimiento y comprensión. No teméis oponerse a lo establecido, de hecho, os entusiasma hacerlo. Sabéis que el mensaje de la libertad crecerá sin alejarse de él, ni minimizarlo, ni comprometerlo, ni avergonzándonos de él, sino aceptando el gran ideal moral que representa.

Estados Unidos y el mundo gimen bajo la carga de la guerra, el dinero fiduciario, la crisis económica, las políticas que expanden el estado y la ilegalidad oficial. Es verdad que predijimos el resultado que vemos hoy, pero es todavía más importante que también sabemos cómo salir de ello.

Si os gusta y queréis extender el mensaje de Ron Paul en este momento crítico de la historia, debéis seguir su ejemplo. Es la única vía segura para quienes creen en la libertad y buscan que esta triunfe mientras estamos vivos.

ÍNDICE DE NOMBRES

Para más información,
véase nuestra página web
www.unioneditorial.es